『和*创造世界名牌的人*
一起放飞梦想』

◇ # 电脑世界的佼佼者戴尔

diannao shijie de jiaojiaozhe daier

◇ 范晓杰 代安荣◆编著

吉林出版集团有限责任公司

图书在版编目（ＣＩＰ）数据

电脑世界的佼佼者戴尔/范晓杰，代安荣编著.--长春:吉林出版集团
有限责任公司，2014.8

（和创造世界名牌的人一起放飞梦想）

ISBN 978-7-5534-4071-2

Ⅰ.①电…Ⅱ.①范…②代…Ⅲ.①戴尔，M.—生平事迹—青少年读物
Ⅳ.①K837.126.16-49

中国版本图书馆CIP数据核字（2014）第160268号

电脑世界的佼佼者戴尔
DIANNAO SHIJIE DE JIAOJIAOZHE DAI'ER

编　　著：范晓杰　代安荣
项目负责：陈　曲
责任编辑：金　昊
出　　版：吉林出版集团股份有限公司
发　　行：吉林出版集团社科图书有限公司
电　　话：0431-81629727
印　　刷：北京一鑫印务有限责任公司
开　　本：710mm×960mm　1/16
字　　数：100千字
印　　张：12
版　　次：2014年9月第1版
印　　次：2019年7月第2次印刷
书　　号：ISBN 978-7-5534-4071-2
定　　价：23.80元

如发现印装质量问题，影响阅读，请与出版方联系调换。0431-81629727

梦想与生命共存　传奇与我们同在

当你拥有这套《和创造世界名牌的人一起放飞梦想》系列丛书并真正读懂它的时候，祝贺你，你已经向成功又迈进了一大步，并可以为自己的人生勾画一张蓝图了。

开卷有益，我们不是猎奇，不是对世界名人和超级品牌的奇闻轶事简单地一声惊叹，而且通过阅读，让我们的视野变得更加开阔，让我们能够更好地认识这个世界，并找到适合自己的成功之路。

这是一套全方位满足你阅读愿望的好书，文字鲜活，引人入胜。这里有商界巨鳄的传奇创业故事，也有他们普通如你我的日常生活，当你随着一行行文字重走他们的人生之路时，你的心一定会在波澜起伏中感到一种快意。或许他们的成功不能复制，但是他们的坚忍、执着、宽容——这些成功的要素，我们可以复制。

通过阅读名人的成长故事，重温名人的创业之路，我们会发现，健全的人格、自由的意志、高远的理想、敢于实践的勇气、高瞻远瞩的见地、坚毅勇敢的性格、理性处世的原则、独立思考的习惯、幽默风趣的表达方式……一个人成功的诸多要素都以具体而形象的方式展现在你的面前。

每个人都有自己的生活轨迹，然而成功之路殊途同归，这一路上你的行囊里必须要装入梦想、希望、宽容和坚忍。

请给自己一个梦想吧！梦想是成功的种子，梦想是希望的支点。从这套书中你会发现，每一个了不起的品牌里都承载了品牌创始人那激越的梦想。是梦想，让他们充满激情，斗志昂扬；是梦想，在困境中带给他们希望，让他们有了坚持下去的勇气；是梦想，激励他们不断向前进！

为梦想不懈地努力吧！从这套书中你会明白，任何人的成功都不会一帆风顺，在鲜花和掌声的背后，有太多不为人知的痛苦。那些创业中的失败、徘徊和挫折，对我们来说更具有启迪的价值。真正的勇敢者，并不是无所畏惧，而是在面对挫折的时候，能及时调整自己，正视艰难困苦，不放弃希望。所谓成功，不过是努力的另一个名字罢了。

伟大的戏剧家莎士比亚曾说："一个最困苦、最卑贱、最为命运所屈辱的人，只要还抱有希望，便无所怨惧。"

生命只有一次，让我们在阅读中汲取无穷的力量吧！《和创造世界名牌的人一起放飞梦想》系列丛书会带你走进一个传奇世界，仔细阅读并把你的梦想付诸实践，你也许会成为下一个传奇。

带上我们的梦想启程，为我们璀璨夺目的人生而奋斗！

目 录
Content

前　言
Introduction

　　说起戴尔电脑，大家一定不会感到陌生。也许，摆放在你的电脑桌上，供你每天操作使用的，正是一台戴尔电脑。其实这毫不奇怪，据统计，在全球每销售10台基于标准技术的计算机产品，其中就有1台戴尔电脑。它的卓越品质与低价优势，一段时间内让不少人"人生中的第一台电脑"刻上"Dell"的标志。

　　戴尔公司是以创始人名字命名的企业，迈克尔·戴尔是公司的创始人，其退学、创业而后功成名就的经历与比尔·盖茨颇为相似，至今为世人所谈论。如今，戴尔公司已经是全球瞩目的企业，公司在全球范围内雇员众多，产品与服务已经遍及170多个国家和地区。

　　那么，戴尔是如何走向成功的呢？他的成功是一蹴而就的吗？他拥有怎样的人生经历与传奇故事？又是哪些独特的品质

与性格帮助戴尔走向了成功呢?

戴尔是《财富》美国500强史上最年轻的CEO，他从小就善于思考、想法独特，他的头脑里总是会有灵感不断地闪现，面对赚钱的好点子，他总会想方设法去实现……这就是迈克尔·戴尔，不按部就班，不因循守旧，热衷于灵活和创新，用新的思维和方法追逐成功。

谁都有童年趣事，戴尔有一则年少往事颇为"闻名"。那是他8岁的时候，当其他孩子还在为向父母多要一颗糖果而绞尽脑汁时，小戴尔的注意力已经转移到"多快好省"地完成学业上了。报纸上有一则声称"只要通过一个简单的测验，就可以轻松拿到高中文凭"的广告吸引了他的注意，戴尔决定亲自实践一番。他当然没能成功，人们在说起这段往事时都把它当成迈克尔·戴尔成长过程中的一个笑话，然而，小戴尔自己却不这样认为。在他以后的生活中，他也一直发扬这种精神，为解决问题而努力寻找"捷径"，这种思维方式被他不断"放大"。到了1984年，刚刚完成大一学业的戴尔提交了退学申请。他用1000美元注册成立了自己的电脑公司，开始直接面向客户售卖定制式的个人电脑，销售地点就是他读大学时的宿舍。

从此，"直接"就成为戴尔这位IT神童的字典里最为重要的一个词语。同时，这也成为一种信念，并最终形成了足以让戴尔引以为傲的直销模式。正是凭借着这一大胆创新的模式，戴尔公司的年销售额节节攀升，很快超过了400亿美元，一度成为全球最大的个人电脑销售商。

在描述戴尔公司时，有人将其比作如同沃尔玛一样的"计算机超市"。事实上，两者大不相同，因为戴尔不需要建立仓库，它总是在接到订单后才开始装配客户需要的电脑。当然，这一看似简单的直销模式远非使戴尔成功的全部因素，至少后来诸多的效仿者没有一个能像戴尔这样获得如此巨大的成功。

自1984年成立至今，戴尔公司从未淡出过人们的视野。看看戴尔的辉煌战绩吧：

1992年，戴尔电脑公司首次入列《财富》美国500强企业，迈克尔·戴尔成为《财富》美国500强历史上最年轻的首席执行官，这一纪录至今未被打破；

1998年，美国《商业周刊》评选戴尔电脑公司为全球"业绩最佳的信息技术公司"；

2000年，戴尔电脑公司登上《财富》美国500强排行榜，名列第56位，在《财富》全球500强中名列第154位；

自1985年以来，戴尔电脑公司一直是《财富》每年评出的"最受推崇公司"之一，2000年更是位列第三。

呈现在世人面前的迈克尔·戴尔，感觉敏锐、胆识超凡。他曾经这样说过："我相信机会既来自直觉，也要靠着对某个产业、事物或专业的狂热投入。戴尔公司的经验证明，人可以发掘并掌握大家原本以为不存在的机会优势。想要做到以非传统的方式思考，不必是天才，也不必是先知，甚至不用有大学文凭，所需要的只是一个架构和一个梦想。"

当然，如何将灵感和梦想变成现实，需要每一个追梦者去探索，去实践，去经历。无论如何，你有了什么好主意，你都至少应该去试一试。无论成败，这种经历都将成为人生中不可多得的财富。抓住每一个灵感闪现的瞬间，用智慧去勇敢追梦，才能让你的生命得到延伸，让你的财富有所增长。

迈出第一步，也许你也可以创造出自己的品牌。

Michael Dell

第一章　永远刻着创始人名字的个人电脑

Michael Dell

他是员工眼里的大众情人，魅力无穷。公司的女职员不无骄傲地说："谁能比我们老板年轻？谁能比我们老板有钱？谁能比我们老板帅？面对着他，我们都嫁不出去了。（认识了他，还能看得上谁啊？）"

他是下属心中的传奇缔造者，其杰出成就与其说源于那些神奇的软件和芯片，不如说在于他的敢为人先、独辟蹊径。在戴尔公司副总裁康尔特·托尔福看来，迈克尔凭借对市场动向的敏锐感觉创造了戴尔公司的传奇，不过，他个人的天赋并没有获得应有的肯定。

他是同行眼中出类拔萃的行业精英，他一贯保持的朴素务实的作风，让对手和顾客都对他充满敬意。业界大佬安迪·格鲁夫和比尔·盖茨都对他赞誉有加。安迪·格鲁夫认为，虽然和拉里·埃利森相比，迈克尔没有强大的影响力，他也缺少史蒂夫·乔布斯身上那种傲慢的气质，但是，迈克尔胆识过人，面对那些别人认为十分棘手的问题，他总是显得那样从容不迫、游刃有余。

他，就是传奇的缔造者——迈克尔·戴尔。

和创造世界名牌的人

一起放飞梦想

Let the dream fly

第一节　最年轻的CEO

如果一个人有足够的信念，他就能创造奇迹。

——温塞特

从1965年出生，到1992年名下的公司跻身《财富》杂志美国500强排行榜，而其本人成为最年轻的首席执行官，迈克尔·戴尔，他的辉煌业绩让他的人生丰富而精彩。走进戴尔的人生之旅，了解他的成长故事，看看戴尔是如何从一个小小少年走上创业之路，在波谲云诡的商场中浮沉，又是经过怎样的奋斗勇战商海，成为全球瞩目的成功人士呢？

最年轻的CEO，你的名字闪烁着动人的光彩！

DELL，永远刻着创始人的名字。

品牌对于产品，就如同名字对于一个人一样。它可以仅仅是一个标签、一个符号，也可以成为一种无法取代的象征，一种为世人所深刻记忆的标志。有这样一个人，他的名字随处可见。也许是在人们日常工作时办公桌的台式机上，也可能是在你休闲娱乐时手中的笔记本电脑上，它就是"戴尔（DELL）"。

有人说，把自己的名字刻在产品上，不仅是一个大胆的想法，更是一种责任的象征。因为无论你成功与否，它都如影随形。迈克尔·戴尔就是这样一个以自己的名字命名品牌的人，他是一个既大胆又有责任心的品牌制造者。

格调单纯、造型简约的戴尔电脑，可能不是同类产品中配置最高的，但却极有可能是最经济实用的。它色泽艳丽，可以满足时尚一族的精致追求；它身材小巧，能够让商务人士在使用的过程中更加得心应手。而且，戴尔电脑的经济、实用更体现了产品最核心、最基础的功能价值，这也恰恰成为大部分使用者追逐戴尔的原因。

生产价格更低廉，使用方法更便捷，并且追随潮流，这就是戴尔能在残酷的市场竞争中制胜的法宝。

1965年，迈克尔·戴尔（Michael Dell）出生于美国第四大城市休斯敦的一个中产阶级家庭。他的父亲是一位牙医，母亲是一名股票经纪人。家庭的原因使得戴尔从小便结识了许多中上阶层人士。通过与这些人士的交往和接触，小戴尔知道了许多新鲜的东西，并且对这些新鲜别致的东西深感兴趣，其中就包括电脑。迈克尔从小聪明善思，12岁时就通过在集邮杂志上刊登广告做邮票生意赚了2000美元，之后，他又用这笔钱购买

了自己人生中的第一台个人电脑。年少的戴尔有着强烈的好奇心和强大的动手能力，他对这台电脑充满了探究的渴望。为了弄清楚它是如何工作的，他甚至毫不犹豫地将电脑拆卸开来。这个时候的戴尔，对于未来已经有了朦胧的憧憬，那就是进军电脑行业，大干一场。

不过，戴尔的父母希望他能够子承父志，从事与医学有关的工作。戴尔不愿意辜负父母的期望，于1983年考入得克萨斯大学奥斯汀分校，成为一名医学预科生。不过他很快就发现，自己对医学始终提不起兴趣，计算机才是自己最感兴趣的领域，并且他一直梦想着要在这个行业做出一番成绩。

就这样，怀揣着对电脑行业的热爱，1984年，19岁的戴尔在入学一年后就做出了退学的决定。戴尔还用1000美金创建了"个人电脑有限公司"，并在一年间通过出售改装电脑及相关配件来赚钱，营业额一度达到5万美元。这就是如今广为人知的戴尔电脑公司的前身。也就是从这时开始，戴尔告别了校园，带着满腔智慧与热忱，踏上未知的征程。

戴尔那过人的胆识和敏锐的商业头脑帮助他赚取了人生的第一桶金。1987年10月，在股市暴跌的情况下，戴尔果断出手，大量吃进高盛的股票。第二年，股市向好，戴尔凭借手中的股票一举获利1800万美元。这笔钱，帮助他稳稳地向成功迈出第一步。而这一年，他年仅22岁。

1992年，戴尔电脑公司进入《财富》杂志美国500强排行榜，戴尔自己也因此成为排行榜上最年轻的首席执行官。从1995年起，在《财富》杂志评选的"最受仰慕的公司"中，戴尔公司一直占据一席之地。2001年，其排名已经跃居至第10位。2002年，戴尔公司终于超越对手，成为全球最大的PC（个人电脑）厂商。2012年的《福布斯》超级富豪排行榜中，戴尔的身价已经达到159亿美元。时至今日，他依然是世界财富500强企业中最年轻、任职时间最长的CEO。

有人曾问过迈克尔·戴尔："你想过退休吗？"

当时，38岁的迈克尔·戴尔回答说："我以后的路还很长，如果我是一个运动员的话，38岁早退休了。但我不是，我要一直努力。"

从1984年，戴尔以1000美元创立戴尔公司开始，经过15年的不断发展，戴尔公司一度成为全美国第一大、全球第二大的个人电脑公司及销售商。戴尔公司在个人电脑领域创造了巨大的价值，不仅为全球的使用者提供了便捷，也创造了巨大的市场价值和企业价值，戴尔公司的股票自从上市以来，涨幅已经超过36000%。时间之短暂，进展之迅速，让戴尔仿佛坐上了火箭，成为世界计算机制造企业的佼佼者。

戴尔公司能取得如此巨大的成功和成就，与其创始人迈克尔·戴尔一直以来的努力和果断不可分割，你可以说这是一个

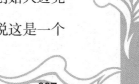

奇迹，但奇迹的背后，是迈克尔·戴尔坚定不移的信念、矢志不渝的追求、坚持不懈的努力、百折不挠的精神。没有这些，就没有今天的戴尔，这一点，毋庸置疑。

第二节　梦想的神奇力量

> 我相信，机会既来自直觉，也要靠着对某个产业、事物或专业的狂热投入。戴尔公司的经验证明，人可以发掘并掌握大家原本以为不存在的机会优势。想要做到以非传统的方式思考，不必是天才，也不必是先知，甚至不用有大学文凭，所需要的只是一个架构和一个梦想。
>
> ——迈克尔·戴尔

戴尔读大学一年级时，IBM等品牌已经崛起，个人电脑领域风起云涌。戴尔从当地的电脑零售商那里低价购入一些因积压导致过时的IBM的PC，然后自己动手进行改装升级，再转手售出。没想到，经他改装后的这些产品在很短的时间内便销售一空，戴尔也因此赚得了一笔收入。

初涉商海就小有成就，这让戴尔信心倍增，也给他指出一条不同于行医的道路，点燃了他的梦想，激发了他的热情。然而，通过改装升级PC开展的"掘金之旅"却打破了他本应平静的大学生活。第一学年结束以后，戴尔退学的念头遭到了父母的坚决反对。为了打破僵局，戴尔提出一个折中的建议：如果那年夏天的销售业绩不佳，他就继续攻读医学学位。父母接受了这项建议，因为他们认为戴尔根本不可能取得这场争斗的胜利。然而，仅仅第一个月，戴尔就卖出了价值18万美元的改装PC。从此，他再也没有回到学校。

计算机在未来的市场中商机如何，从事这个产业会遇到什么障碍，资金如何筹措，如何应对复杂多变的市场……这些问题哪一个都不是一两句话能够回答的，更不是一两天能够解决的，然而，这些都没有令戴尔感到畏惧。戴尔的追梦之旅只是基于这样的想法：做出比IBM更好的计算机，并且借着直接销售来为顾客提供更优质的产品及更优秀的服务，成为行业的佼佼者。

一种产品能够大量生产、投放市场、取得佳绩，产品本身的质量与价值应该是核心因素。然而，市场风云变幻，消费者的需求千差万别，如何能在激烈的竞争中立于不败之地，就成为企业不得不去面对的问题。

戴尔在追逐梦想、实现梦想的过程中，有什么特别之处呢？

如果要概括戴尔的成功秘诀，绝对不能绕过的一个词就是"直销"。戴尔的直销模式，是公司最富有创造性的销售方式，后来被许多公司借鉴、效仿，成为风靡全球的企业秘密。是的，戴尔改变了世界企业的运行模式。

实际上，直销模式没有任何复杂的技术门槛，何以这种简单的销售模式却让戴尔电脑风靡了整个PC市场？归根到底，是因为这种奉行全力甩掉中间商的销售方式，使企业成为一个不生产零件、只搞组装的商人。其根本诀窍，就是把原来的中间商的利益归为己有。此举不仅降低了产品的成本，更拉低了产品的销售价格，同时使产品与服务更加贴近顾客的需求。

全新的销售模式催生了全新的经营理念，即不同于外包的虚拟整合方式：企业只需要直接掌握供应商的信息，确定标准，协调与供应商的关系，为顾客创造最大价值，实行接到订单之后投产的生产模式。为此，与用户的沟通就显得十分重要，戴尔下决心让员工花费40%的时间去与用户在一起：真正贴近用户，从用户出发，知道什么才是他们真正想拥有的产品。

由此可见，实现梦想，需要寻找、把握可能出现的各个机会并且全情投入，但是更需要依靠创新来助力梦想的前进。

我们每个人都有属于自己的人生道路，你必须依靠自己的力量走出一番精彩。跟着别人的脚步，永远看不到独特的风景，也永远走不到别人的前面。对于一个企业来说同样如此，一味模仿的企业迟早会被激烈的竞争所淘汰，企业只有具有了超前意识，才能闯出一片自己的天地。

创新，这就是戴尔的魅力所在，值得我们去深思和学习。

第三节　以直销闻名的个人电脑巨头

> 如果你要成功，你应该朝新的道路前进，不要跟随被踩烂了的成功之路。
>
> ——约翰·洛克菲勒

直销，是戴尔引以为傲的经销模式，也是他在PC领域成功的秘诀。戴尔以直销成名、成功，在其后的时间里，这一模式更是风靡全球，被众多企业争相仿效。那么，到底什么是直销模式？它有什么神奇之处呢？

在了解戴尔公司的直销模式之前，我们先来看一则小故事。

老师想给你一把糖果，让几个同学帮忙传递给你。糖果先是从老师的手中传递到A同学的手中，A同学拿出一粒糖放入自己的口袋中。接着，剩下的糖果又传给B同学，B同学再从这堆糖果中拿出一粒放入自己的口袋……按照这样的方式传递，糖果在到达你手里的过程中经过了10名同学。这样，等到这些糖果真正传到你手中的时候，就只剩下可怜的几粒了。

也就是说，中间经过的人手越多，最后你能够拿到的糖果就越少。那么，如果老师在给你糖果的时候没有经过其他同学，而是直接走到你面前递给你呢？答案非常明显，你将得到满满一把糖果，一粒不少！

那么，设想一下：同样的事情如果发生在电脑行业，会是一种什么情景呢？

试想，电脑制造商生产出一批产品，然后分发给各级经销商去销售。在销售的过程中，每经过一级分销商，他们就会从销售的利润中抽出一部分作为自己的回报。这样，经过的分销商越多，需要分到他们手中的利润也就越多，等这台电脑卖到顾客手中的时候，顾客能够从中得到的实惠也就越少。如此说来，现实的情况就是顾客所支付的电脑的价格并不仅仅是这台电脑本身，还包括各级分销商需要得到的那一粒粒"糖果"。

迈克尔·戴尔用自己的亲身经历作为参照，进行思索。他上初中的时候，曾通过自己的努力拥有了一台苹果电脑。戴尔热切地希望学习到一切有关电脑的知识，于是就开始动手拆卸起电脑来。后来，灵活的戴尔又通过卖报纸赚钱，再用赚到的钱购买电脑零部件，改装升级过时的电脑，然后出售来获得利润。

就是在购买零部件、组装升级、销售电脑的过程中，戴尔发现了一个行业秘密：当时市场上一台IBM电脑的售价约为3000美元，不过其中的零部件其实却只需要600多美元。那么，3000美元减去600美元，还有2000多美元的中间利润，这些利润去了哪里呢？为什么成本只需600美元的电脑，到达用户手中价格却高达3000美元呢？

如果可以省掉中间环节，那么这些中间的利润就能够到达生产者手中，或者为消费者降低购买产品的成本，让顾客以更优惠的价格购买到需要的产品，就像那个分糖果的故事所得出的结论那样：要采取直接销售的模式出售产品，减少中间商。

戴尔采取的销售策略，就是要将这种"减少中间商"的模式发挥得淋漓尽致。想通了这一点，戴尔就立即着手去做，直接将计算机销售给使用者，省略掉零售商的利润剥削过程，这样，那些节省下来的钱就能回馈给消费者。

不仅如此，采用直销模式，减少中间商，从另一个角度来说，就要求企业加强与顾客之间的联系。一方面，省略掉中间商，企业就必须与顾客取得直接联系，因为企业不能再依托间接的渠道来销售产品，所以必须直接与顾客联系，将产品直接交到顾客手中。另一方面，直销模式也让企业更加明白顾客的喜好与需求，只有这样，企业生产出来的产品才是真正为顾客所需、为顾客所爱的，否则产品又如何销售得出去呢？

内存的大小，产品外部的款式、颜色与装饰的风格搭配……正是用户的这些不一样的需求，体现出了戴尔照单订做模式的可贵，也成为直销的魅力所在。同时，与顾客的亲密互动，也会促进企业的成长与进步。顾客不断提出要求，才更有利于企业放眼长远、关注当下，适时做出调整，最终实现共赢。

早在1984年，戴尔就根据自己使用计算机的心得，以及与顾客进行交流互动的经验预测到：十年后，随着社会的不断发展进步，将会有越来越多计算机方面专业的人才出现，同时，早期的计算机使用者掌握了更多的计算机的相关知识，相应地他们也会对计算机提出更高的要求。而直接销售能够让企业更加全面深入地了解顾客的需求，而了解顾客需求的发展方向也成为戴尔长期发展策略的一部分。

直接销售始终贯穿于戴尔公司的经营，公司尽最大可能直接与大型企业、政府部门、教育机构、中小型企业以及个人消费者建立合作关系。直销模式坚持直接销售计算机给顾客，直接与供货商交易，直接和员工沟通……所有的过程都省略了中间人，因此，那些曾经看起来天经地义存在着的中间环节在戴尔这里失去了往日的威风。

直销模式有诸多便利，都是戴尔从身边的实例中总结出来并且运用在自己的创业过程中的。这种模式的好处，相信并非只有戴尔一个人看到、体验到，许多经验丰富的企业家、商人相信也都已看到了这些，但是，出于种种考虑，他们选择安于现状，不愿或是不敢打破固有的销售传统，这也注定了他们一生平凡。可是迈克尔·戴尔和他们不一样，他不仅眼光独到，而且胆识过人，敢为天下先，他是第一个把这种模式运用到自己的创业过程中的企业家，并且因此获得丰厚的利润，取得巨大的成功。此后，直销模式被众多行业、企业争相效仿，但是，它们也只是亦步亦趋地跟随戴尔的脚步，若要超越，那也只能说是一个梦想了。

Michael Dell

第二章 最会赚钱的
　　　　少年玩家

Michael Dell

第一节　儿时曾想走"捷径"

如果你具备开始的勇气，就有了成功的豪情。

——戴维·维斯考特

戴尔成长于一个重视教育的家庭，同时，戴尔因为家庭的原因接触到的人都是社会的精英，他们为他带来了各种各样新鲜的知识，而戴尔自己也是一个对未知世界充满好奇的孩子。和许多同龄人不同的是，他的脑袋里充满了奇思妙想，他不喜欢循规蹈矩，不喜欢按部就班，无论什么事情，他总想通过最简单的方法快速地去完成，节省一切不必要的中间环节。而恰恰是这种品性，促使他后来开创了直销模式，并取得了巨大的成功。

戴尔8岁那年，有一天，正在上小学三年级的他翻看一本杂志，上面刊登的一则广告顿时吸引了他的注意：

"只要通过一个简单的测验，您就可以轻松拿到高中文凭。"

看到这则广告的戴尔高兴极了。"一个简单的测验"就可以取代未来九年的学校生活，节省那么多的时间，少花那么多的精力，这实在是无法拒绝的诱惑啊！于是，戴尔立刻动笔，寄出了一份申请高中文凭的函件。

几天之后的一个傍晚，有位女士来到戴尔位于休斯敦的家中。原来，这是收到申请文凭函件的测验中心派来的人员。戴尔的母亲应声前去开门，那位测验中心的女士很客气地说，她想找迈克尔·戴尔先生。

戴尔的母亲一脸迷惑，不知道发生了什么事情。母亲向来者问了几个问题之后，立刻明白了事情的来龙去脉。母亲对那位女士说："他正在洗澡，请等一下，我去叫他。"

一会儿，一个穿着红色小熊浴袍的8岁小男孩走了出来。那位女士非常惊讶，她完全没想到，眼前的这个小男孩就是她要找的迈克尔·戴尔先生。

申请高中文凭的事情当然没有成功，这也成为戴尔成长经历中的一则笑话。许多人听说这件事后哑然一笑，戴尔的父母和测验中心的那位女士也觉得这只是一个8岁男孩的恶作剧。然而，戴尔却是认真的。他从小就非常执着地坚持——要略过一切不必要的步骤。

如今，当我们读到戴尔的这段经历时，也仿佛是在听闻一个好玩的故事。然而，如果联想到戴尔长大以后发生的事情，我们就会明白小时候的这段往事对戴尔产生了多大的影响。

　　跳过中间人，省略一切不必要的中间环节，在了解到戴尔这段往事的人们心中，或许只是觉得这是个聪明又特别的小孩，因为他想省时、省力地去做一些事情；而他想省略的那些事情，在很多人的认识里恰恰都是无法省略的。后来，戴尔以跳过中间人为起点来开设公司，又在其后的历程中做了许多删繁就简的事情，他还因为执着于这样的理念而创造性地运用了之后风靡全球的直销模式……到了这个时候，你还觉得这个想走捷径获得成功的小男孩是在恶作剧吗？戴尔用自己后来的辉煌成就，让人们对他刮目相看；而了解了他童年的这段往事，人们就不会对他之后的所作所为感到惊讶了。

第二节　聪明的推销员

人才进行工作，而天才进行创造。

——舒曼

　　12岁时，戴尔做成了他人生的第一笔生意。他在一本集邮杂志上刊登广告，做成了一笔邮票生意，并因此赚到2000美元。这应该是戴尔人生的第一桶金，尝到赚钱好处的戴尔马上用这笔钱奖励自己——购买了他的第一台个人电脑。

这次小小的成功，让戴尔初次品尝到不经过任何中间商、直接面对消费者的甜头，可以说，正是这次经历，在他心中种下了直接销售等经营理念的种子，后来当他正式成立自己的戴尔公司时，这粒种子经过多年的酝酿、完善，终于成为一种崭新的销售模式，并以其无可比拟的优势为戴尔带来丰厚的利润。

16岁那年，还在中学读书的戴尔找到一份替《休斯敦邮报》拉订单的差事。那个时候，传统发展订户的方式比较简单，业务人员通常根据电话公司提供的名单，通过给顾客挨家挨户打电话的方法来推销报纸。这种销售模式虽然相当于撒下了大网，结果却是广种薄收、效率低下，往往是业务员劳累了一天，却并没有多少收获。

聪明的戴尔发现了这一问题。认真思考一番后，戴尔果断地转变了销售方式，将原来的"广撒网"变为"重点捕鱼"。也就是说，集中针对某些高概率的目标客户展开销售，对目标客户进行规划，采取他们更容易接受的方式来发展订户。事实证明，戴尔的这一创举取得了非常了不起的成效。当然，转变销售理念仅仅是个开始，敏锐的观察力也是戴尔取得成功的重要因素。"重点捕鱼"的销售理念尽管非常好，但如何准确地把握好重点客户却极具挑战性。只有经过仔细观察、认真审视，才能从盲目的广撒网模式走出来，找到重点，开始"重点捕鱼"。

有人说，发财致富是有能力的大人才干的事。虽然这个时候戴尔还只是一个普通的中学生，但是他善于观察，勤于思考，因此他的赚钱本事并不比一些大人差。在推销报纸的过程中，戴尔发现，有两类家庭是最容易产生订报意愿的：一类是刚结婚的家庭，另一类则是刚搬进新居或者是购得新房的家庭。也就是说，找新搬家的家庭或新婚夫妇订报刊，最容易成交。针对这个判断，戴尔确定了重点要捕的"鱼"。

经过细致的调查，戴尔发现，情侣要结为夫妇，必须向地方法院提交申请，同时还须提供他们的详细地址，以便法院寄送结婚证书。而且在得克萨斯州，这项资料是公开的。于是，戴尔雇用了几个高中的"死党"，去收集休斯敦各县市新婚夫妇的姓名及住址信息。这些孩子来到户政事务所等部门，努力说服休斯敦地区16个县市的地方法院，终于如愿以偿地拿到了他们想要的信息。

与此同时，戴尔又锁定了一个高潜力客户群，就是那些在房地产贷款公司申请到贷款额并且排名比较靠前的人们，这些人大都会买房，因此发展他们订报多半会获得成功。随后，戴尔便着手给这两类家庭发出推荐订阅《休斯敦邮报》的信。很快，他就为该报争取到了几千名新客户，订单像雪片般飞来。

后来，教历史和经济学的老师让学生们整理自己的报税资料。戴尔这才发现，通过销售报纸，自己在短短一年的时间里已经有了1.8万美元的收入。起初老师不相信这是真的，以为是戴尔弄错了小数点的位置，了解到实情后，老师反而更加沮丧——因为，老师发现戴尔的收入已经超过了自己的年薪。

这一经历，启发了戴尔的"商业头脑"和"经营意识"。同时，也正是他在少年时期就表现出的这种商业头脑，为他日后的成功奠定了基础。

第三节　开启梦想版图

梦想只要能持久，就能成为现实。我们
不就是生活在梦想中的吗？

——丁尼生

在正式进军电脑行业之前，出于兴趣，戴尔对于PC行业的一些现象特别留意。经过仔细观察，戴尔意识到电脑行业存在着巨大的利润空间和广阔的发展前景。于是，他从市场上买进各种标准化的零配件，将这些配件组装升级成电脑后，又以绝对低于市场的价格卖给熟人。当然，聪明的戴尔不会忘记产品质量与性能的重要性。经过他组装升级的电脑，首先必须确保性能好、质量高，然后才能以较低的价格投入市场。这样一来，戴尔出售的电脑在朋友圈中形成了不错的口碑，并逐渐获得了一些知名度，这令戴尔赚到不少钱。

然而，戴尔并不止步于这种作坊式的小打小闹，他有更大的梦想要去实现，他的梦想版图才刚刚开始。戴尔决定成立自己的公司。

1984年，戴尔在大学一年级即将结束前，以个人电脑有限公司的名义向得克萨斯州政府注册公司登记，这就是后来享誉全球的戴尔电脑公司。当时的迈克尔·戴尔只有18岁。

从萌生创业念头，到真正开始投入创业，这都是发生在戴尔大学时代的故事。然而，直接做生意的想法、敏锐的观察力，却在戴尔的童年时代就已经打上了特别的印记。戴尔从一个普通青年，成为一个成功的创业者，他的经历带给我们许多启示：

首先，靠别人，不如靠自己。年少的戴尔想要做一些事情，他并没有要求父母的资助，也没有向亲戚或是朋友借款，更没想过向银行贷款。作为一名学生，他通过观察周围的环境，找到一名学生可以利用业余时间从事的兼职。最终他选择了从身边的事情做起，利用假期和课余时间给《休斯敦邮报》发展客户挣钱，从而获得了原始积累和周转金。

其次，要善于思考，勇于创新。创业者要勤于观察、善于思考。一个人即使是在一个传统行业，从事平淡无奇的工作，只要他善于观察和思考，他就能发现这个行业尚未被人发现的特别之处，然后不断去努力、去创新，一样有机会赚得不菲的收入，取得成功。

最后，从身边小事做起，粗中有细。要想在一个行业获得成功，不仅要有一腔热情，还要踏踏实实地了解、熟悉这一行业，从最细微的小事情做起，在持续的实践之中不断学习、积累经验，从而做出正确的判断和选择。

第四节　处处有商机

> 良机只有一次，一旦错失，就再也得不到了。
>
> ——勃朗宁

对于商人来说，找准目标顾客群体无疑是一件十分重要的事情。16岁的戴尔在进行一份通过电话推销报纸的工作时，就已经清楚地认识到了这一点。这就使得他的工作更加系统和有针对性，他也因此获得了比老师还高的收入。

在戴尔计算机公司迅速发展的过程中，细分化是成功的重要因素之一。细分化的概念是：当你面对一个庞大的市场时，只有一个做法，那就是先把市场分散，然后实行各个击破。

大多数的公司是以产品为细分单位，戴尔则是在产品细分之外还加上一个顾客细分。他先了解每一个顾客的个别需求和行为，再有针对性地决定公司应该提供什么样的产品和服务。想顾客之所想，最大程度地满足、贴合顾客的需要，戴尔公司推出的每一款产品都是本着这样的方针，因此受到了不同顾客群体的欢迎，在消费者中赢得了良好的口碑。细分化的涵盖范围不仅是在产品市场、顾客等领域，还包括公司组织。细分化可以使公司更加有效地衡量各个营运项目的资产运用效率，从而发挥各项业务的更多潜能，同时又可以从容地评估每一名顾客细分的投资报酬率，并且与其他细分进行比较，更好地制定日后的绩效目标。

从戴尔的成功经验中可以看出，随着公司的不断发展，公司需要将业务做进一步细分，以便能够更加贴近顾客，也能让企业了解到顾客更多的特别需求与操作环境，从而获得重要的市场需求。试想一下，细分越是精准，焦点越是清

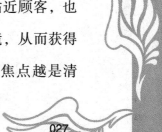

楚，他们就越能针对每个细分的不同特点提供相应的产品、服务和技术支持。

细分化的主要目的，就是要企业做到比顾客更了解他们自己的需求。

从起步到发展，小公司想要快速成长相对较为容易，但大型企业想要维持高速发展就比较困难了。细分化的做法，让戴尔公司不仅能够稳步前进、逐渐扩大，还能使其维持稳定而持续的成长，使公司规划变得更为快速便捷。

第五节　他拆了家里的"苹果"

> 人的活动如果没有理想的鼓舞，就会变得空虚而渺小。
>
> ——车尔尼雪夫斯基

那个时候，戴尔最大的希望就是能得到父母的许可，允许他买一台自己的电脑。在他15岁生日那天，戴尔的父母终于答应了他的这个请求。

能得到父母的同意，戴尔高兴极了。然而，等待电脑送到家里的过程太漫长了，戴尔十分着急。坐不住的他又一次提出请求，要父亲带他到附近的UPS快递分送站，他要亲自去领取电脑。

看到儿子如此心急，戴尔的爸爸便开车载他前去领取电脑。回来的时候，汽车刚刚驶入家里的大门，戴尔便迫不及待地跳下车，手捧着珍贵的包裹，小心翼翼地回到房里。看到儿子如此珍爱这台电脑，父母也很开心。但是，让他们大吃一惊的是，满心欢喜的戴尔竟然捧着这台新电脑迅速地拆卸起来！

看到儿子的这番举动，戴尔父母的肺都要气炸了。当时一台苹果电脑的售价非常昂贵，戴尔此举让父母以为他要把电脑毁了。然而事实上，戴尔并不是想毁了它，只不过想通过拆卸来看看它到底如何运作罢了。

后来，回忆起这件往事，戴尔不胜感慨。这件事就跟之前的邮票事件一样，刚开始戴尔只是单纯地对电脑感兴趣，然而聪明的他不久便从中看到了电脑所带来的商机。

1981年，IBM推出了个人电脑，戴尔的注意力也马上转移到了个人电脑上。当时，苹果电脑备有多种游戏，而IBM的个人电脑则以功能较强、预装多种商业软件及程序而独具特色。回忆这段时期的经历时，戴尔直言自己当时并不具备多么丰富的商业经验，不过却有一种敏锐的直觉，那就是个人电脑将是未来商业上的最佳选择。

兴趣、商机、直觉，这些看起来并没多大联系的因素聚集在一起，让戴尔感到兴奋。此外，他又结合自己日常的经历，产生了新的想法。

戴尔把买来的苹果电脑拿回家拆得乱七八糟，后来，他又继续拆IBM的PC。因为常把电脑解体、升级，戴尔很清楚各种零部件的合理售价应该是多少，最优秀的制造商是谁。拆卸电脑固然让他学到了一些技术，但更重要的是让他寻找到了难得的商机：他发现市场上出售的IBM电脑利润很高。

当时，一台IBM的PC全部零件加起来成本一共才600至700美元，然而在外面的市场售价却高达3000美元。戴尔想，如果能够买进和这些机器里的零件一模一样的产品，再将电脑进行组装、升级，然后卖给认识的人，甚至拿到市场上去销售，并且低于市场的价格而出售……销售量如果能够再多一些，就可以具备和那些电脑专卖店竞争的实力。到了那时候，不仅价格上会有竞争，品质上更会有竞争。这样做，他赚点小钱肯定没问题，他也可以用这些钱去买一些自己想要的东西。想到这儿，戴尔惊喜万分："哇塞！这里头有一大堆机会！"这些潜在的商机令戴尔对未来充满憧憬。

于是，他跑到批发商那里，以批发价买回了积压的个人电脑。接着，又购买了内存条、调制解调器、磁盘驱动器及更大的显示器。购买了这些零部件之后，戴尔将这些机器进行升级，使其有更多内存和磁盘驱动器。不仅如此，他还采用了一些宣传策略，帮助自己打响知名度。例如，在当地报纸上刊登广告，以低于当时零售价10%到15%的价格出售电脑。

这样，几个回合下来，戴尔从中尝到了甜头，也有了成就感。不过，这些经历也加速了戴尔大学生涯的中断。那个时候，他的正式身份是医学院学生。当时，他服从父母的意愿，进入得克萨斯大学奥斯汀分校的医学院读书。他离开家、进入大学的那天，是开着用卖报纸赚的钱买来的白色宝马去学校的。汽车后座上载着的，是三部电脑。看着这位开着自己买的跑车、载着电脑来到校园的学生，同学们不无艳羡。不过，对于载着电脑上学这件事，戴尔后来回忆时感慨地说，母亲当时应该觉得我的行为非常可疑才对。

Michael Dell

第三章　让梦想照进现实

Michael Dell

第一节 "不务正业"的医科生

> 理想是指路明灯。没有理想，就没有坚定的方向，而没有方向，就没有生活。
>
> ——托尔斯泰

1984年1月，在新学期开学的前一天，戴尔回到了得克萨斯州首府奥斯汀，在这之前，戴尔一直忙于新公司成立前的各种准备工作，他不仅在得克萨斯州注册了"个人电脑有限公司"，还在当地的报纸上刊登广告，开始着手公司的宣传推广。

戴尔在报纸上刊登的小广告收到一定成效，同时，他还与客户及时签订了一些预售合同。这样，戴尔的公司还没开始正式经营，他就已经接到了很多订单。在奥斯汀地区，戴尔所经营的业务不仅包括出售升级后的电脑，他还出售升级工具、电脑配件等。这个时候，戴尔的公司月销售额已经达到5万至8万美元。

开学后不久，戴尔便从闷热的集体宿舍里搬了出来，住

进了一个高顶双卧的套间公寓。戴尔的父母本来是想让他继承衣钵，这才把他送进医学院攻读医学学位的。没想到，儿子却另有想法，并且已经经营出了自己的一片天地。父母后来虽然默许了他的行为，不过，那个时候的戴尔只敢背着父母偷偷搬家，戴尔的父母是在好几个月之后才被告知的。

戴尔将更多的精力投入到电脑公司的经营之中，公司发展得颇为顺利。然而，一个人的精力毕竟是有限的，投入到工作中的精力越多，在学业上花费的时间就越少，久而久之，势必会影响到学业。而对戴尔的家庭来说，注重教育是一贯的传统。如果戴尔要放弃学业、改走创业之路，他就必须得说服父母同意他的决定，然而那几乎是不可能的。因此，戴尔只好孤注一掷，哪怕牺牲学业，也要坚持自己的创业梦想。

听闻他的成绩急转直下，父母赶紧来找他。一到学校，映入戴尔父母眼帘的是他房间内外堆得满满的电脑和零件。父亲见状，大发脾气，直言儿子简直就是玩物丧志，几乎被电脑"毁了"！而此时的戴尔反而很镇静，他劝解父亲道："您别生气，您的儿子正在和IBM竞争，不拼着干不行啊!"听了儿子这样的话，戴尔的父母连连摇头。

后来，戴尔还是选择了在念完大学一年级后辍学。这一度让他的父亲震惊，难过，生气。当然，一段时间之后，父母还是原谅了戴尔。当有人再次问起这段经历时，戴尔并没有掩饰什么。

"你当时害怕吗？"

"当然害怕。"

然而，一时的害怕并没有阻挡戴尔前进的步伐。对理想的坚持帮助他战胜了对未知的恐惧，尽管前路漫漫，他还是决定按照自己的意愿走下去。时间证明了一切，在当时的处境下，戴尔能够顶住压力、抓住时机，成立"个人电脑有限公司"，这真的是一个正确的决定。

戴尔具备丰富的电脑知识和十足的敬业精神，他组装的电脑不仅质量过硬，而且价格极为诱人，当然受到很多人的喜爱和追捧。在当时，同样一台电脑，IBM的最低市场价格为2000美元，而戴尔只卖700美元左右，因为IBM电脑的最终售价有三分之二让中间商、代理商给赚走了，戴尔正是从这一点中看到了商机。

戴尔曾经说过，自己是从一个简单的问题开始创业的。这个简单的问题就是，如何能让购买电脑更加便捷，他的答案是：直接把电脑卖给终端用户，除去分销商的加价，并且把省下来的钱还给用户。以一种更为有效的方式直接为用户提供电脑，省略掉中间商与代理商的环节，这在后来成了戴尔公司的核心理念，一直奉行至今。

事实上，这些中间商和代理商并不专营电脑，他们更关

注汽车、家电等产品，因此根本无意提高电脑的产品质量。那么，如果可以做到保证价格低廉的同时提高产品质量，戴尔组装的电脑就会拥有更强的竞争力。

戴尔尝到了"直销"的甜头，在大学一年级的时候，他登记注册了"戴尔电脑公司"，将全部身心投入到自产（装）自销电脑上。也许今天看起来，直销模式并没有太多特别之处，也很容易被人接受，但在当时，情况却并非如此。戴尔说，自己发现直销模式的时候，他并不知道其他人没有意识到这一点。因为在他看来，直销的便捷与获利是显而易见的。然而，如果他当时花时间去问别人的意见的话，或许很多人会认为他的想法根本行不通。

公司登记注册的时候，戴尔已经信心百倍，对公司的前景与发展有了清晰的思路和设计。在随后的15年中，戴尔公司曾创下连续每年增长率都超过90%的业绩，创造了任何企业前所未有的高速持续发展，让业界惊叹。如今，戴尔早已成为世界有名的跨国公司，并且跻身世界500强，与IBM、康柏、惠普等电脑巨人平起平坐。

在他一路走来的创业之路上，曾经听过许多这样的话：当别人告诉你某事行不通的时候，有时候，不闻不问是更好的办法。坚持你认为对的东西，并努力让它成功。戴尔以自己的经历为证，当时他就没有去征求别人的许可和赞同，坚持向他认为对的方向勇敢去做，获得了成功。

第二节　退学，用1000美元开公司！

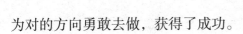

> 永远没有人力可以击退一个坚决强毅的
> 希望。
>
> ——金斯莱

戴尔来到大学时，也把自己对电脑的兴趣带进了校园。与中学时期相比，大学生活少了之前的诸多约束，在这里，戴尔可以脱离父母的控制，自由自在地做自己喜欢的事情。他的第一个大学宿舍就成为他施展拳脚的一方天地，戴尔把它变成了一间电脑配件存放室。

戴尔的大学生活就这样开始了。不过，学业早已被他放到了一边，戴尔已经打算把全部身心都投入到电脑升级组装这个崭新的"事业"中去了。然而，对戴尔来说这是发展兴趣的大好时机，可对身边的其他人来讲却未必如此。

有一次，当戴尔回到宿舍时，发现有一大堆电脑配件被堆在门口。原来是舍友觉得戴尔的所作所为影响了他正常的生活

和学习，所以要求他搬出去。还有一次，戴尔的父母突然来到他的学校。猝不及防的戴尔根本没料到父母会不请自来，只好把他的那些电脑配件藏在浴缸里。

"你的课本呢？"他的父亲问。

"哦，我放在楼下的图书馆里了。"年轻的戴尔这样回答。

再后来，戴尔把他全部的电脑配件都挪到了他租下的一栋楼的27层的一个房间。他本来想约束自己的行为，让自己看起来更像一个刚入学的大一学生，然而结果并未奏效。后来，戴尔索性开始用各种方式对自己的产品进行宣传，比如在分类广告上刊登有关电脑升级的广告。也就是在他租住的房子里，戴尔打造出低于市价15%的组装电脑，并且开始销售。

最初创业的那些年里发生的事，至今还时时映在戴尔的脑海。回忆起这段往事，戴尔不无感慨。他后来说："人们带着电脑到27层来，我就给他们插上几条内存，加上一块硬盘，他们就付我钱了。"

当然，这些事情也构成了最丰富多彩的回忆，如今的戴尔虽然事业有成，然而回忆起这些往事的时候，他还是会不时笑出声来。戴尔记得有这样一件事，当时，有一位顾客经常来27层从戴尔这里购买产品，"他每次上楼来的时候，总是大汗淋漓，因为他每次都必须把货卸在一楼，然后一路拖上来"。

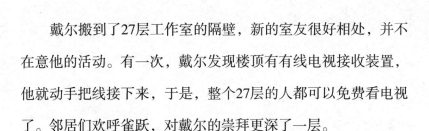

戴尔搬到了27层工作室的隔壁，新的室友很好相处，并不在意他的活动。有一次，戴尔发现楼顶有有线电视接收装置，他就动手把线接下来，于是，整个27层的人都可以免费看电视了。邻居们欢呼雀跃，对戴尔的崇拜更深了一层。

戴尔的父母希望他能好好地完成学业，从事他们认为有前途的医生的工作，然而面对这个经常充满奇思妙想的儿子，他们也经常很无奈。戴尔曾经郑重地向父亲保证他会完成大学学业，但是他的电脑生意开展得如火如荼，他根本就没有多余的精力去顾及学业，可以说执着于创业的戴尔此时忙得连多喘口气的时间都没有。这样，在他即将完成了大学一年级学业的时候，戴尔电脑公司也成立了，戴尔的大学校园生活随之宣告结束。

虽然即将与校园生活告别，踏上未知的创业之旅，戴尔仍信心满满，他说："离开这里，标志着我真正开始做生意。"环视校园，看看宿舍的四周，戴尔并非没有感慨。前路也许并不那么清晰笃定，然而，既然已经选择了这条路，就要勇敢地走下去，如果前怕狼后怕虎，那么注定尚未开始就已经失败了。就像戴尔曾经说的那样："真正投身做电脑生意需要很大的决心。我自己得出个结论——只要想好了，就应该去做。我父母亲很久以后才能理解这一点。"

第三节 "我要和IBM竞争"

工作是为了成长，而不是索取。

——艾伯特·哈伯德

辍学之前，迈克尔·戴尔的求学之路与大多数人无异，小学、中学一路顺顺利利，直到18岁，他遵从父母的意愿，考入奥斯汀市的得克萨斯大学攻读医学学位。和当时大多数的大学新生一样，戴尔也需要自己挣零花钱。然而戴尔的与众不同之处在于，他善于发现商机。当时，电脑热在大学校园刚刚兴起，大家充满好奇，人人都在谈论个人电脑，也都想买一台来用用，然而经销商出售的产品价格却十分昂贵，让这些学子们望而却步。

如果想以低廉的价格购买一台电脑，并且保证这台电脑能够满足自己的特定需要……这样的事情，在当时的人们看来，是想都不敢去想的事情。

然而，戴尔却开始认真思索起来。为什么经销商只为电脑增加了一些附加功能，就能把价格提得这么高？怎样才能制造出价格低廉，又真正符合用户需求的电脑呢？迈克尔·戴尔一度百思不得其解。

不过，某一个瞬间，他却豁然开朗。也许事情并没有想象的那么复杂，干吗不把事情弄简单一点呢？如果可以直接从制造商那儿购买零配件，然后将组装升级好的电脑直接卖给用户，不就能保证价格低、质量优吗？

从此，戴尔便开始一门心思地从事自己的电脑业务，对于功课毫不用心。后来，他把自己正在做的事情告诉了父母，并且跟他们说，他想退学自己办公司。

"你那样做到底是为什么呢？"他父母问。

"和IBM竞争。"他直截了当地回答。

一开始，戴尔的父母认为儿子只是在凭自己的兴趣小打小闹，听到戴尔说要跟美国乃至世界的电脑业巨头IBM竞争的时候，他们真的感到不安了，想劝说戴尔放弃这个想法。然而，不管他们说什么，戴尔都不为所动。

最后，戴尔的父母让步了，他们跟儿子达成一项"协议"：暑假期间，如果戴尔把他的电脑公司开办起来，那么他就可以按自己的想法去做；如果他失败了，那么9月份开学的日子到了，他必须乖乖地回到学校去读书。

回到奥斯汀，迈克尔·戴尔倾尽所有，开始一门心思地钻研并创办戴尔电脑公司。这时，正是1984年5月3日，当时的迈克尔·戴尔只有19岁。

第四节　结束"借鸡生蛋"

> 持续不断地劳动是人生的铁律，也是艺术的铁律。
>
> ——巴尔扎克

和父母达成协议以后，迈克尔·戴尔开始把全部精力和所有的时间都投入到工作以及新公司的筹备当中。为了尽量减少开支，他为自己租了一间小小的办公室，同时，他还雇用了自己的第一个职员：一个28岁的经理，为他掌管财务等事宜。

戴尔将公司改组为"戴尔电脑公司"，公司的业务范围维持不变，办公地点则从戴尔的公寓搬到了奥斯汀北部一个100平方米的小型写字楼里。正是从这时候开始，戴尔公司逐步走向正规化的运作与管理，公司逐渐分工明确，没多久，戴尔就雇佣了一些人专门负责接电话、配送货物等事宜，同时还安排了三个人在生产部拿着螺丝刀、钳子，坐在6英尺长的桌子旁进行电脑升级。

繁忙的工作间隙，戴尔抓起一只装比萨饼的空盒子，在背面勾画、修改，就这样戴尔公司第一幅广告的草图诞生了。戴尔的一个朋友又将它画在纸上，送到报社刊登。

迈克尔·戴尔这时所做的事情，就是直接向用户销售IBM公司的个人电脑业务。同时，还可以按照顾客的要求附加特定的功能。每天，订单一来，他就到处采购需要的零件，然后再对每一台有特殊要求的电脑进行装配。第一个月，戴尔的销售额就达到了18万美元；第二个月，销售额已经上升到26.5万美元……

几乎是在不经意之间，新的学年就开始了。戴尔的事业已经从刚刚起步发展到如日中天，他每月售出的个人电脑都在1000台左右。鉴于不断扩大的业务需要，戴尔又一次换到了较大的办公场所，也雇用了更多的工作人员。

等到迈克尔·戴尔应该从大学毕业的那一天，戴尔公司电脑的年销售额已高达7000万美元。这个时候，戴尔公司已经不再满足于加工改装其他公司的产品了，"借鸡生蛋"的阶段也彻底结束了。戴尔开始设计、装配和销售自己的产品。从新的起点出发，戴尔公司登上了新的台阶，这就是戴尔所创造的奇迹般的成功。

电脑世界的佼佼者戴尔

和创造世界名牌的人

一起放飞梦想

Let the dream fly

第五节　未来的野生派代表

> 我必须承认，幸运喜欢照顾勇敢的人。
>
> ——达尔文

提起创业的那段青葱岁月，曾经有记者这样问戴尔："如果你有时间，你会不会再返回到大学去继续读书？"

这位身家数亿的富豪摇了摇头，表示他对自己的选择并不后悔，因为在他看来，在实践中学会的知识，要比在学校里学到的知识更多一些。

戴尔的回答耐人寻味。纵观全球，在计算机领域叱咤风云的，有这样三类人，一类是纯粹的技术派，这些人有深厚的知识底蕴和精湛的技术水平，他们以技术人员起步，后来逐渐转到管理领域，英特尔现任董事长安迪·格鲁夫是这一类的代表；一类则拥有过硬的文凭，可以称作是学院派，不过他们虽然是真正科班出身，技术上却不怎么行，但他们工作能力强，企业运作经验非常丰富，如IBM现任总裁兼首席执行官郭士纳；还有一类完全是凭借兴趣爱好一头闯入这个领域，虽然没

046

有大学文凭，但眼光锐利善于把握时机，对环境的适应能力就仿佛是野生的花朵一样顽强，因此被称为野生派。毫无疑问，戴尔便是这一类的典型代表。

在IT产业里，这三类企业家都不在少数。他们通过自己的方式取得了成功，也向世人证实：条条大路通罗马，通往大企业家的道路并非只有一条。然而，野生派企业家的崛起和成功，除了为人们带来颇多的传奇故事，还留给人们无尽的启迪。

的确，戴尔和比尔·盖茨都是放弃了继续接受大学教育的机会，杨致远也没有攻读完博士学位，乔布斯干脆就没有念过大学，于是有人得出结论认为，我们也没有必要继续留在学校里，干脆直接去实践中锻炼吧！

实际上，通过这些特殊的例子得出这样的结论，是不够成熟的。当今的社会，竞争已经极为普遍，电脑行业的更新换代更加迅捷，其竞争更是异常激烈、无处不在。学习已经不是某个时间段应对某项任务的需求，而已成为相伴一生的课题。野生派企业家并非不去学习，他们更主张学习那些他们自己感兴趣、并且对自己的成长很重要的东西。

戴尔通过销售升级电脑赚取第一桶金的时候只有19岁，不过，他没有满足于已经取得的成绩，他在实践中不断丰富自己的知识，不断引领自己的企业走上新的发展道路。今天，戴尔

和创造世界名牌的人

一起放飞梦想

公司的经营范围不仅包括个人电脑生意，还包括了服务器和工作站、互联网工具等生意。

从中我们可以看到，戴尔虽然离开了学校，但是他一直没有中断学习。他只是在人生的某个阶段做出了与一般人不同的选择，走出了不同于别人的发展轨迹，这需要有相当的胆识与非凡的勇气。

如今，1984年19岁的戴尔用1000美元在得州大学起步创业的经历已经成为励志美谈。同样身为年轻人，在当今的时代和社会里，应该如何创业呢？戴尔对时下缺乏现金，却坚持从宿舍创办一家科技企业的大学生，提出一些建议。

"创造一家好企业并非需要太多现金。一些年轻人，他们带来新的视角和观点，当中有一些好创意。这是我的个人之见，我擅长于去证明这一点。因此，如果你有好的想法，你愿意追求它，就从错误中学习、快速调整，将客户放在所做一切的中心。"

这就是戴尔的成功之道与中肯之言。

Michael Dell

第四章　戴尔的成功秘诀

Michael Dell

第一节　特别的质量担保

> 对于创新来说，方法就是新的世界，最
> 重要的不是知识，而是思路。
>
> ——郎加明

从产品生产到产品售后，戴尔开创了自己独特的模式。

而他之所以能够做到这一点，是因为他清楚地看到了电脑行业存在的问题。他曾经一针见血地指出，这个行业中的大多数人从来不先做好市场调研，了解市场究竟需要什么，然后有针对性地去研发、生产，他们总是先开发出新的产品，然后告诉顾客，这就是你需要的。而迈克尔·戴尔所做的事情就是针对这些竞争对手存在的弱点调整自己的步调，提前了解顾客的需求，生产所具有的附加功能符合用户特定需求的电脑，因此赢得了一片喝彩。

不仅如此，戴尔产品一经销售，公司还会向顾客提供"退款的质量担保"。也就是说，不合格的产品可以得到全额退款，在这一点上戴尔与其他制造商十分不同。不仅如此，戴

尔还能站在顾客的角度考虑问题，他还意识到当一台电脑出毛病时，使用者总是希望可以立即修复使用。因此，戴尔公司的产品实行"第二天现场维修"制度，并且开通24小时免费的电话专线，使顾客能够直接及时地与电脑技术人员通话。

这样一来，戴尔不仅在产品价格上占据了优势地位，而且在产品销售的过程中懂得用户的特殊需求，为他们提供了更加切实可靠的产品；同时，还提供了贴心到位的服务，让用户在使用戴尔产品及服务的时候更加便捷舒适。

今天，戴尔电脑公司已经在全球范围内的16个国家开办了子公司，年销售额超过20亿美元，雇用的技术人员多达5000多人。据统计，戴尔个人拥有的财富在2.5亿到3亿美元之间。尽管身家过亿，戴尔仍然和他的妻子、女儿过着非常普通的生活，同时还十分热心公益事业。

如今，迈克尔·戴尔偶尔还会回到他的母校得克萨斯大学讲课。他给商学院的研究生们讲授商业知识，给工商管理硕士班的学员讲授企业管理，受到学生们的喜爱。关注时事的戴尔说，他最遗憾的是美国正在失去竞争力，大多数人都墨守成规、畏首畏尾，丧失了成功的最佳时机。

第二节　按照客户的要求去做

想得到答案，你需要做的就是开口询问顾客。这样，就可以了。

——迈克尔·戴尔

戴尔是如何成功的呢？他的做法很简单。

首先，要把眼光扭转过来。不要光顾着看自己的产品，夸耀它们如何如何好；而是要把眼光放在顾客身上，看看他们最真实的诉求，最需要什么样的产品。也就是说，产品在研发阶段就要从顾客的角度出发，要了解顾客的意见与需求，再以此来设计产品与服务顾客。那么，怎样做才能提早知道顾客的需求，然后参照这些意见来设计产品呢？其实非常简单，正如迈克尔·戴尔所说，只要开口询问顾客，就一定能够找到答案。

第二，不要局限于达标。如果产品拿到顾客手中只是达到顾客的要求，最多可以说这件事你办得并无过错、中规中矩，60分左右。如果想得到更高的分数，那就要来点特别的了。比如说，让你的顾客多一份惊喜，那就是说，你的产品和服务要超越顾客的预期。如果你的产品和服务让顾客感到满意，那么他就会信赖你的产品，以后如果有需要，他也会继续选择你的产品。而如果你能超越现有格局，建立那些有意义又特色独具的整体经验，你就赢得了顾客的终生信任，并且完全掌握了隐含在这些需求当中的绝妙商机。

第三，保持满满的诚意。就像一群人之中，你会发现自己和某几个人比较合拍、投缘。可能是这几个人比较优秀，可能是他们的某些特点为你所欣赏，也可能是你们有共同的兴趣爱好……还有一个可能，他们待人真诚。真诚待人，更容易赢得他人的信任，对顾客来说，也是如此。顾客在购买产品时会很在意产品的性能、服务的质量，也会非常在意销售服务人员在征询他们意见时表现出来的诚意。因此，无论是产品生产之前询问顾客，还是产品在销售阶段以及售出后为顾客提供咨询和服务，公司和业务人员都应该保持满满的诚意和热情，让顾客感受到你是真正为他考虑的。

第四，最大的竞争优势。商场如战场，竞争无处不在。企业与顾客的交流应该是双向共赢的，最佳的企业生产优质的产品，为顾客提供方便；而最好的顾客也能够给企业带来最大的启发，他们会告诉生产者如何提供超越现有的产品和服务，为企业的长足发展提出建议，启发企业想出办法来吸引更多的顾客。

凡是能够取得成功或努力在未来取得成功的公司，都是那些最接近顾客需求的公司。他们不会把全部精力用来关注竞争对手的行为，而是去真正关心和关注最大竞争优势的根源——顾客。这是真正聪明的做法，因为谁赢得了顾客，谁就赢得了胜利。

戴尔能够长期在业界立于不败之地，其科技、产品和价值都是成功最基本的条件；而最为人称道、也是戴尔最著名的一点，就是建立与顾客的亲密关系。戴尔能够把工作重点放在顾客身上，注重速度与服务，一步步地建立起员工、顾客及供货商之间紧密的伙伴关系，并且运用这种紧密的关系，取得比竞争对手更大的优势。

实际上，如果只是传统意义上简单的计算机供货商，那么只要负责销售好自己的商品或服务就可以了。但是，戴尔的目标远不止于此。他对自己的角色定位是：顾客在制订科技策略时的顾问。

成为受重视的顾问，这就是戴尔与众不同的设想。要想当一名受重视的顾问，眼光就不能局限在现有的产品上，要努力寻找不一样的东西，加强整体顾客体验的方法。这样一来，公司和顾客的关系一定会更加巩固，就能建立起非常扎实的信任，形成相互信赖的伙伴关系。

改善整体的顾客体验，是戴尔虚拟整合的最终目标。戴尔

公司就是要培养"将心比心"的态度，从顾客出发，再回归到顾客的需求。戴尔的宏图就是，完全站在顾客的立场看事情，这样才能大幅度改善顾客体验。

要想达到理想的效果，光提供电脑业最好的服务是不够的。在学习了诺德斯特罗姆百货公司和联邦快递的成功经验之后，戴尔决定：要像他们一样，跻身全世界服务最好的公司之列。

想法的确不错，然而向这两家公司看齐，可远没有想象的那么简单。不过戴尔非常清楚，只要一步一步脚踏实地地走出去，就比原地踏步更有希望获得成功。那么，如何开始走出这第一步呢？

这时候，开阔的视野又一次帮助了他。戴尔不但追求与同行业的电脑公司竞争，还要与其他产业中最善于提供绝佳顾客体验的公司竞争。真正的王者之战，现在才刚刚开始，戴尔已经准备好了！

第三节 电脑界的"量体裁衣"

> 不断变革创新,就会充满青春活力;否则,
> 就可能会变得僵化。
>
> ——歌德

戴尔公司以直销闻名，开创性地运用直销模式，是戴尔公司最与众不同的企业特色。直销不仅为戴尔带来巨大的利润，节约了成本和时间，也造就了戴尔无可争辩的行业领先地位，至今仍为众多企业所称道和效仿，成为一则业界传奇。

其实，戴尔公司的业务就是在直销这一模式上发展的，不管客户是政府机构还是大型企业，是普通个人消费者还是小规模企业，戴尔公司都直接把计算机销售给客户。这种模式，保证戴尔公司以更快的速度把最新的技术提供给客户，使戴尔公司能提供更高水准的服务，并获得更高水平的回报。

这种减少中间商直接销售产品的销售策略是戴尔公司自始至终都采取的方式。直接销售计算机给顾客，直接与供货商交易，直接和员工沟通……这些都省略了中间人及以往看起来天

经地义的中间环节。最重要的是，直销拉近了企业与顾客之间的联系，也就是说，企业，必须按照客户的要求去做！

如果你有幸走进戴尔公司，你会看到墙壁上醒目地挂着的一幅照片。那是戴尔的照片，上面还有人在他头上画了一顶帽子。照片下方，是一行稍显潦草的字迹：

"迈克尔要你去赢得客户！"

怎样才能赢得客户？很简单，"按照客户的要求去做"，这是戴尔公司的信条。正是坚持和实践这一信条，让戴尔创立了电脑行业中与客户之间最紧密、也最令人羡慕的联系。为此，戴尔公司还明确了践行标准，1998年，戴尔已经将15%的资金和利润分成与改善服务进行挂钩。这项指标的衡量标准是装运期限的长短、客户对初次安装的满意程度，以及修理人员能否在24小时之内抵达客户的所在地点。

既然直销模式有这么多的优点和优势，那么，在具体的操作过程中，需要注意些什么呢？

需要注意的有三点。第一点：认识顾客；第二点：了解他们的需求和好恶以及他们最在意的价值点；第三点：了解你能对他们业务效率的提升带来什么帮助。

曾经有人问迈克尔："在运作公司的过程中，对您来说什么是最有价值的？"

戴尔脱口说出一个词："Client（客户）。"

戴尔曾经说过："每当看到我们的企业保持的优势因素在不断增加，我会很兴奋；每当看到我们的产品质量不断提高，我会很兴奋；每当看到我们的人才在不断地成长，我会很兴奋；每当看到我们的日常运作蓬勃有朝气，我会很兴奋；还有，每当看到我们的执行能力不断地提升、我们的结构不断地优化、我们的运作模式不断地取得成功等等，我都会感到异常兴奋。"

得益于直销模式，戴尔公司一直以来都与客户保持着良好的互动。公司与客户直接交流，往往会在第一时间就了解客户有什么需求，从而及时作出判断和应变。无论你想了解具体产品的性能，你想拥有什么样的硬件、软件，或者你想知道什么时间可以交货……如果你有诸如此类的问题，统统交给戴尔公司来解决吧。公司有专门的销售人员，如果客户提出疑问，他们会亲自登门，在客户面前为客户进行详尽深入的讲解，并且做好相应记录。然后，按照戴尔公司的一贯做法，销售员回到公司后，再把单子交给生产部门。

有人说，戴尔公司的这一做法就像是在量体裁衣："好像裁缝走到客户家里，为客户量身后，再回到生产车间。因此，做出来的衣服一定是最合身的。"

第四节　不过度承诺，但超值交付

> 独辟蹊径才能创造出伟大的业绩,在街道
> 上挤来挤去不会有所作为。
>
> ——布莱克

一种产品，要想在激烈的市场竞争中站稳脚跟，压低价格是商家经常采用的宣传方式和销售策略。然而，产品要想维持长期、优异的业务成长，最重要是要提高产品本身的品质，不断改进为顾客提供的服务的质量。

戴尔能够在长期的竞争中立于不败之地，与其具备的核心优势密不可分。这就是：借由高品质的产品和最佳的服务来维持顾客和员工的忠诚度；业务人员深入了解用户在产品使用过程中遇到的各种问题，并且以"不过度承诺，但超值交付"为信条，努力去解决这些问题。

事实上，在那个时代，接受过计算机专业教育的人并不多。因此，并不是每个用户都能熟练恰当地掌握计算机知识，在使用计算机的过程中，他们很可能会遇到各式各样的问题。

根据以往的经验，计算机经销商通常自己也并不完全了解产品的构造，更不用说是去重新组装。

针对这种情况，戴尔的行事策略比较别致。那就是，让每个业务人员必须能够装设好自己的计算机。在这样的要求之下，业务人员在装机的过程中就会对自己所销售的产品拥有更加切身的认识。那么，如果顾客在了解产品信息之后想要做出判断，或是遇到一些问题需要解决时，业务人员就能熟练地运用他们的知识和技能，帮助顾客做出选择、解决问题。

专业的服务团队、最佳的服务精神，为戴尔公司奠定了服务卓越的名声，而接近顾客、贴心服务正是保持企业和产品在竞争中占据优势的一大利器。戴尔的成功并非一日之功，也不是轻而易举就达成的。各个方面的努力、各种环节的配合、创造性的销售方法以及周到贴心的服务，是戴尔成功之路上最值得人们学习和借鉴的地方。

和创造世界名牌的人

一起放飞梦想

Let the dream fly

第五节　C2B的先行者

客户必须知道你对他们来说很重要。

——霍华德·舒尔茨

　　C2B是Customer to Business的简写，意为"消费者对企业"。这是电子商务模式的一种，最先流行于美国。说到C2B，戴尔可以算是一个先行者，他曾经在电脑领域掀起了一股"定制风潮"。

　　一直以来，戴尔公司采用的直销模式，其核心就是"按需定制"。这样，用户能够根据自己的需求来定制属于自己的电脑。所谓定制，就是指电脑的生产厂商基于CPU、硬盘、内存等各种不同的硬件配置，根据用户的需求来生产相应的产品。

　　后来，戴尔又继续将"按需定制"这一传统发扬光大，使其电脑产品从内到外都实现了个性化"定制"。为达到这一目标，戴尔对消费者的内在需求进行了全面了解，熟悉了消费者的喜好与需求，而生产真正为消费者所喜爱的产品也就成为了企业发展的重中之重。这是长久以来，戴尔一直坚持的企业文化内涵之一。

正因为与这种企业文化的密切结合，戴尔的消费者业务得到了迅猛发展。对许多电脑公司而言，为大型的单位和企业开展定制战略是可以接受的，而戴尔公司的特别之处就在于，他能用心去了解所有消费者对于自己电脑的需求，让中小客户也有定制的需求。

正因为戴尔在设计产品和制定发展战略的时候，将个性定制融入了公司的发展战略中，戴尔也成为了全球唯一一家可以实现电脑全面定制的企业。这也许就是戴尔成功的另一个秘诀吧！

在戴尔，消费者不仅能够自行选择需要的硬件配置，还可以对笔记本的外壳色彩、图案搭配以及材质触感进行自由选择。长期以来，经过在设计方面的投资与努力，凭借精美的外观、过硬的技术、值得信赖的品质以及贴心到家的服务，戴尔产品在业界得到了广泛的认可和赞誉。

以PC闻名的戴尔，还有哪些举动呢？

第一，扩大覆盖范围。目前，戴尔的零售店已经覆盖了1-6级的城市。从IDC市场研究公司公布的数据可以看出，在2011年全年，戴尔的x86服务器的市场份额在中国排名第一。当全世界将期待的眼光放在戴尔的PC业绩时，戴尔这家不走寻常路的PC厂商，又一次向全世界宣告了"非主流"的胜

利——今时不同往日，当众多PC厂商主打价格战，为了少得可怜的利润争得你死我活、头破血流的时候，戴尔已经在另一个战场悄悄亮相，并且取得不俗的成绩了。

第二，在零售领域赢得口碑。凭借领先的技术、诚信的品质，以及商业合作的敏锐与迅速上市的新品，戴尔首次获得了"百思买Bravo奖"。如果你对这个奖项的含金量有所怀疑的话，那么你可以放一万个心。因为，该奖项百思买仅授予少数致力于追求卓越并获得骄人业绩的合作伙伴。

第六节　把定制的概念带进企业

> 经验显示，成功多因于赤忱，而少出于能力。胜利者就是把自己身体和灵魂都献给工作的人。
>
> ——查尔斯·巴克斯顿

也许有人会问：戴尔的定制模式是十全十美的吗？

对于这个问题，有业内人士指出，以戴尔电脑为代表的定制，与传统的大规模生产模式相比，与消费者更加贴近了，然而这还不能算是以消费者为中心的终极模式。戴尔采用的模式，实际上是为消费者提供一种有限选择，这种选择是模块化、菜单式的，并且仍倾向于让消费者去适应企业已经设置好的供应链。

然而即使这样，仍然不能否认戴尔把定制的概念成功地带进企业；更为难能可贵的是，戴尔还让消费者对定制有更加清晰的认识与体会。

所以，作为后来者，如果想要学习戴尔的成功经验，那么必须明白，戴尔的核心竞争力其实并非直销，而是直销模式所带来的另外的东西——对低成本配件供应和装配运作体系的实施能力。

为了学习、仿效戴尔公司的成功经验，很多企业都不远万里前来"取经"。戴尔当然不吝赐教，然而一个有意思的传闻是：戴尔的配件供应与装配系统是不让其他企业和人士参观的。也就是说，戴尔的核心机密并不外泄。

其实，所谓的核心机密，就是在企业成长过程中摸索出来的一套经营规律：戴尔接受订单后，会做出快速的反应，提供低成本的配件供应与装配系统，从而让消费者能够以较低的价格接受个性化的服务。这也可以解释为什么戴尔的对手IBM和康柏都曾经模仿其直销模式，然而却无一成功的原因了。成本太高、效率太低，其他企业一直在模仿却无法得其精髓的原因

正在于此。

有人曾经拿联想与戴尔进行对比。戴尔堪称世界企业的一面旗帜，与同样具有过人之处的联想相比，戴尔这面旗帜更具内涵，也更有划时代的意义。

和人们想象的不同，戴尔虽然是一家主营计算机产品的高科技公司，但是它并没有掌握什么核心技术。说起来这简直就是一件不可能的事情，但实情的确如此。一家全无核心技术的公司竟然能称霸全球电脑行业，甚至把IBM这样的大公司逼得毫无还手之力，这堪称一个奇迹。有了戴尔这个成功的例子，哪家企业还敢把自己失败的原因归结为没有核心技术？

不过，虽然没有核心技术，但是，戴尔的核心竞争力却无人能及。戴尔的直销模式举世皆知，无数企业学习了这种模式，但是没有人能够复制戴尔的成功。

核心竞争力到底是什么？以高科技为核心，的确可以作为一种回答。然而，戴尔用自身的成就验证了另一种成功模式。如果你还在纠结于如何在成功之路上确立重点，如何创建一种能够让众人信服的企业理念，那不妨看看戴尔是怎么说、怎么做的。迈克尔·戴尔在叙述自己的成功时，曾经表述得很清楚：让事实和数据说话，所有戴尔人都对结果负责。

每个人、每个企业的成功都不可能全盘复制，但是借鉴他们成功的经验，从中学习、为我所用，却可以让你的视野更加开阔，前进的脚步更加从容。不管从事何种职业，你都应该明白你面对的群体真正需要的东西是什么，应该确定你所研发设计的产品是否符合他们的需求。只有这样，才能不断满足客户的需求，同时你也能降低成本，提高利润，获得成功。

第七节　零库存高周转

> 顾客不是买产品,他更买做事认真的态度、服务态度和服务精神。
>
> ——陈安之

"整个供应链最关键的地方在于对生产和制造过程的控制，包括物流。"一位戴尔的员工曾经这样告诉前来采访的记者。

与IBM将注意力集中在设计、制造、市场开拓和分销的全过程不同，戴尔针对自身供应链高度集成，上游与下游紧密联系成捆绑联合体的特点，在装配和市场领域下足了功夫。

每个行业都有自己的特点，IT行业的特殊性决定了在追逐利润的过程中，需要生产企业努力控制好供应链的各个环节。

如果没有建立严格的供应链管理和生产控制系统，电脑的利润将随之缩水，曾经有人统计过，假如电脑配件在仓库中积压一个月，其价格就将下降1到2个百分点。

戴尔采取直销经营，这种营运方式在业界被称为"零库存高周转"。相对于大多数企业要根据对市场的分析和预测来制定生产计划来说，直销模式意味着公司只要按需生产即可。因此，当许多公司按照预测批量制成成品投放市场时，戴尔公司则以接到的订货单为准来生产，按照要求对电脑部件进行组装，成为整机。这样，公司实现定制生产，能保证其在极短的时间内生产出真正符合顾客需求的产品。综上，得出的结论就是，速度和精度成为考验戴尔的两大难题。

面对难题，戴尔的做法是紧跟时代。

利用信息技术，实现对生产过程的全面管理。通过互联网，戴尔公司与上游制造商紧密合作，对客户的订单快速准确地做出反应。这也给戴尔公司提出了较高的要求：订单在传到戴尔的控制中心后，控制中心要将订单内容进行及时分解，然后再通过网络将一个个子任务分派给各个独立的配件制造商，开始生产。制造商根据这些电子订单开始生产组装，同时必须确保要按照戴尔控制中心提供的时间表来进行供货。而戴尔接下来要做的，就是完成最后的组装及系统测试，其他的事情则交给客户中心去处理。

"经过优化后，戴尔供应链每20秒钟汇集一次订单。"

当完成对所有订单的汇总后，供应链系统软件会自动做出反应，分析出所需的原材料。同时，要对公司现有的库存和供应商的库存做出比较，最终产生一份供应商材料清单，这就可以了。

需要注意的是，从准备所需的原材料到将这些材料运送至戴尔的工厂，对戴尔的供应商来说，所需时间仅为90分钟。接下来，戴尔卸载货物，需用时30分钟。然后要做的就是严格按照制造订单的要求，将原材料放到组装线上。

这样统计下来，准备好手头订单所需要的原材料，这就是戴尔需要做的事情了。这样下来，戴尔工厂里产品在库房存放的时间，仅需7个小时。

有人会说，对一家企业来说，7个小时够做什么？但是，戴尔却能用7个小时的时间，完成一般企业可能需要耗时几个月甚至更长时间完成的事情，这不能不说是戴尔创造的一项传奇纪录。而能让这一传奇真正实现的原因，就在于戴尔所拥有的雄厚技术基础。

所谓技术基础，即装配线由计算机控制，使用条形码从而让工厂能够对每一个部件和产品进行跟踪。在戴尔公司，能够保证内部信息的流通极其通畅，因为戴尔公司通常会使用自己开发的信息系统来实现信息流，这样一来，信息流就能与企业的运营过程及资金流达成同步。

戴尔奇迹般的高效与迅捷，不仅让公司节约了成本，提高了效率，还让用户获得了非比寻常的体验。如果要感受一下戴尔用户享有"专宠"的待遇，就看看戴尔的员工是怎么说的吧：

"我们跟用户说的不是'机器可能周二或者周三到你们那里'，我们说的是'周二上午9点到'。"

没有"可能""也许""差不多"，这项"专宠"够贴心、够诱人吧！不要以为这是在戴尔总部美国才能享受的待遇，事实上，戴尔为全球消费者提供的是同样周到细致的服务。比如，戴尔在厦门的工厂不仅让中国消费者感到非常满意，甚至已经成为全球最让戴尔为之骄傲的表率，它已经开始接到来自日本的订单，并且供货范围仍将不断扩大。

第八节　服务外包

> 如果你有好的想法，你愿意追求它，就从错误中学习、快速调整，将客户当作所做一切的中心。
>
> ——迈克尔·戴尔

戴尔供应链还有一个明显的特点，因为它采取的是直接把产品卖给顾客的直销模式，所以，批发商、分销商、零售商这些在传统供应链中必不可少的环节，在戴尔的下游链条中则完全不见踪影。

那么，省略了分销商、批发商和零售商等传统角色，他们所具备的职能由谁来承担，戴尔如何达到与客户沟通的目的呢？事实上，电话、面对面交流、互联网订购，是戴尔直接获得客户订单的重要方式。通过采用这些方式，客户对产品的准确需求可以直接反馈到公司设计、制造等整个生产过程中。这与传统渠道提供信息模糊不清形成鲜明的对比。

"代理服务商"，是戴尔供应链蓝图上的一个特别之处，也是戴尔比其他公司多出来的一个环节。那么，这些代理服务商具体要做什么呢？他们给顾客提供的是服务和支持，而不是传统意义上所提供的产品。这就意味着戴尔把服务也外包了。

外包服务这一策略想法独特，既满足了戴尔提供售后服务支持的要求与想法，又避免了有可能导致的公司组织结构"过度庞大"的后果。

来到中国市场，这一策略同样也被运用得十分潇洒。2001年，戴尔在中国将近1700个城市建立有售后服务站，戴尔将其服务外包给合作伙伴。用户如果有问题，70%都可以通过电话来获得解答。具体的做法是，用户打电话前来咨询，戴尔在厦门的客户服务中心接到后会做出分析，再将问题交给相应的工程师来回拨指导解决。如此一来，就较为有效地节省了客户的时间。而另外30%的问题，则通过戴尔合作伙伴在当地的工程师来解决。

外包服务的实现，同样离不开直销模式。

"我们对客户的要求非常清楚，直销和CRM（Customer Relationship Management，即客户关系管理）配合得很好。"戴尔的一位售后支持工程师这样说。

采取直销模式的好处就在于，每一台戴尔电脑都直接送达至顾客手中，每一个环节都记录在案，这样一来，戴尔的服务水平和产品质量就很容易得到有效控制。而要做到这一点，仅靠代理商是无法完成的。

举例来说，如果一个公司购买了戴尔的电脑，戴尔公司就会持续关注用户的发展及使用状况。每隔一段时间，公司的销售人员就会主动对用户进行询问，从而获知用户是否有新的需求。不仅对待大客户如此，即便面对中小客户，戴尔也从来不会因为怕麻烦琐碎而有所怠慢，而这一点，恰恰是那些通过代理进行销售的电脑公司无法做到的，也是戴尔在行业中取胜的关键性因素。

第九节　走出国门，让美式直销登陆英国

任何卓越的胜利总是大胆的成果。

——雨果

戴尔公司从美国创业起步，迈克尔·戴尔的创业历程也是一个典型的美国励志传奇。戴尔在美国取得巨大成功，至今仍然稳坐美国本土PC行业的第一把交椅。不过，随着公司不断地发展壮大，戴尔的发展战略已经不再仅仅局限于美国。

有一次，戴尔来到英国。他注意到，当时，很多英国人都想购买计算机，然而却得不到令人满意的产品和服务。高比例加价、服务质量不佳等情况，在英国的许多电脑销售公司中不同程度地存在着。戴尔看准这个市场，当机立断地在英国成立了分公司。不过，戴尔此举在当时却不被看好，有人甚至扬言戴尔在美国的成功不可能在英国继续。

压力面前，戴尔无所畏惧，踌躇满志，闲言碎语无法阻挡他的锐气和决心。凭借卓越的产品、技术和服务，戴尔迅速攻下了英国市场，在英国建立起了良好的企业形象。

戴尔将直销模式也带到了英国。企业可以通过直接销售与潜在的顾客和已经购买产品的顾客保持沟通，从而更全面地了解顾客真正的需求，找到企业进一步发展的空间。

戴尔完全根据顾客的订单进行生产、销售，既避免因产品积压过多而造成贬值，又能有效减少原料存货量。降低原料成本，产品的售价就会进一步降低，产品更具竞争优势；消费者就可以获得切实的优惠；对企业而言，能赢得时机，以比竞争对手更快的速度将最新的科技产品送到消费者手上。也就是说，戴尔的产品不仅富含创意与科技，同时企业注重顾客的反应和要求，并想方设法将它们结合在一起，从而不断地改进产品质量，提升产品价值。

通过这种直接与顾客沟通的方式，戴尔公司希望将这样的讯息传递给顾客："你不只是我们一笔交易的顾客，你还将是我们终生的顾客。"

不过，戴尔公司最初实行直接销售时，许多顾客因心存疑虑而犹豫不决，因为，毕竟这是一家没有知名度的公司，而且没有任何一家店面有他们的产品。把钱交给这样的公司，不放心也是很正常的。针对这种情况，戴尔承诺产品30天内用户不满意可退款，并且把这种保证写在广告上。这样一来，不仅打消了顾客的疑虑，也让戴尔公司赢得了"信用可靠"的美名。

1987年6月，戴尔公司在英国正式开幕。许多前来参加记者会的记者都不看好戴尔的此番举动，他们预测，戴尔公司在英国会饱尝失败的滋味。因为在他们看来，直销模式这种美式概念，在英国不可能获得成功，因为没有人会直接从制造商手中购买计算机。

不过，崇尚"创新思考"的戴尔，从来不会"听信那些告诉你事情做不到的人"，只要自己认为是对的，那么就一定会去实施。事实上，戴尔在英国开业的第一天就实现了开门红，现在，英国戴尔公司每年的营业额将近二十亿。

可以说，戴尔公司能与世界各地的顾客建立起良好的关系，得益于戴尔长久以来树立的令人信赖的优良企业形象；而这一优势促使戴尔公司的产品不止限于一种类型或仅在一个地区受到欢迎。对戴尔来说，美国是其创业、发家的地方，也是

其业务开展与经营理念最为牢固的地方。然而，美国市场仅仅是戴尔全球战略的开始。公司在不断发展的过程中收获良多，强手如林的竞争带给戴尔一定压力的同时，也让这家公司更加拥有雄心壮志，想要在更为广阔的国际市场中一展拳脚，实现更大的梦想。

　　成功的脚步不应该停歇于此。此时的成绩，仅仅是下一个辉煌的开始。

Michael Dell

第五章　创业者的好品质

Michael Dell

第一节　不断寻找优秀人才并善待他们

世有伯乐,然后有千里马。千里马常有,而伯乐不常有。

——韩愈

生活在现代社会,无论是国与国之间的关系、行业与行业之间的比对,还是企业与企业之间的较量,人们总会提到一个词——竞争。说到竞争,每个行业、甚至每个人都有自己的见解。然而,如何在竞争中取胜、成功者有什么制胜法宝呢?套用电影《天下无贼》中的一句话来给出答案,那就是:"21世纪什么最重要?人才!"

企业之间的竞争,很大程度上是人才的竞争,人才是决定成败的关键。一家企业要想在激烈的市场竞争中立足并获得长久的发展,就必须把培养人才、引进人才当作一项重要的工作,常抓不懈。

时下,在求职与招聘之间,往往存在着一个有趣的现象:许多人找不到活儿干,同时,许多活儿找不到人干。对于

企业来说，在现实的境遇中，如何才能在众多的应征者当中，找到那个合适的人才呢？戴尔的做法或许能带给我们一些启发。

不同的公司、不同的岗位，对于人才的要求也会不同。寻找人才时，戴尔公司更加注重这名员工是否具备学习者的质疑精神，是否愿意接触新事物，是否能够以开放的态度提出自己的思考和见解。一个人如果渴望创新，并且不怕在创新中出错，有及时改正错误的能力，那么这个人是戴尔公司欢迎的；一个人如果不故步自封，喜欢从不同的角度出发去看待问题，并提出新鲜的解决办法，那么这个人也是戴尔公司欢迎的。

这样的思维方式给予了戴尔公司的员工一种创新的活力、开阔的视野。戴尔公司会通过各种途径努力寻找人才，不仅重视应征者，也会从地区性的公司和竞争者手中寻找人才。同时，还会特别留意想在当地工作的大学毕业生。戴尔知道，这些人员如果聘用得够好，让他们在公司发挥才智、有所作为后，他们还会为公司带来更多优秀的人才。

同时，他也相信，一个员工如果能够认同公司的价值观和理念，深入了解公司目前的营运状态和努力方向，那么他不但会努力达到现在设定的目标，从长远角度来说也会为公司实现未来更大的目标做出贡献。戴尔在招募人员时，就会考虑他们在公司未来的发展。来到戴尔，绝不等于仅仅来到一家公司做

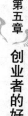

一份差事，每个在这里工作的员工都参与了公司的成长。无论是刚刚聘用的新进人员，还是更高的管理阶层，员工都要与公司的经营哲学和目标保持一致。

很难想象，一家规模巨大的公司可以凭借某个领导人的单打独斗来完成所有事。所以，要相信合力，要充分利用好人才的优势。拥有越多的优秀人才，对于领导人和公司就越有好处。

为留住人才，戴尔公司采取了让员工拥有公司股权的做法。同时，戴尔公司向每一位员工传达这样一种思想：成为老板，才能以老板的思维方式来考虑问题。当每个员工都能以此标准来衡量自己的时候，对于工作，他们就更能做到全情投入。

2007年，因为某些原因而离开公司的迈克尔·戴尔重新回到岌岌可危的戴尔公司，力挽狂澜。这一次，他大刀阔斧地进行了人事方面的变动，几乎重新构建了强大的高层管理团队。前EDS的管理人员史蒂夫·舒克布罗克，被聘请来领导戴尔年收入达50亿美元的全球服务部门；甲骨文公司首席营销官马克·贾维斯也被挖了过来担任戴尔的首席营销官，之前戴尔一直靠电话和网络销售进行营销，这是公司成立20年来首次设立该职位。不久，迈克尔·戴尔又聘请坎农出任戴尔全球运营总监，他曾是代工厂商旭电公司的首席执行官。紧接着，戴尔

又纳入一员猛将——摩托罗拉手机业务部的罗纳德·加里克斯，他成为戴尔迅速组建的全球消费者业务部门的管理者；最后，曾任沙伯基础创新塑料控股公司总裁兼首席执行官的布莱恩·格莱登担任了新CFO一职。

从这些新的加盟者的身份上可以看出，戴尔正在发生一系列的成长转变，它渴望成为一个内部分工更专业、更加贴近个人消费者的公司。其中，主管戴尔全球消费者业务部的罗纳德·加里克斯，擅长通过改善用户体验从而赢得市场；主管营销的马克·贾维斯一上任，就在全球范围内开展了戴尔"Yours is here"的新消费市场营销计划，并且在他和戴尔营销团队的努力下，戴尔形象在全球的200多个国家中得到统一，其品牌Inspiron（灵越）推出了色彩缤纷的笔记本电脑和台式机，在零售市场赢得广泛赞誉。这些产品无论是外型构造，还是内部功能，都打破了戴尔原有的沉闷单一的黑蓝两色风格，新鲜而充满活力。

迈克尔·戴尔曾经坦率地表示："好在，一家公司的创始人有着进行变革的特权，这一点很重要。"面对风云变幻的市场，戴尔重回公司掌舵，他在得克萨斯的个人办公室里做出决定。也许短时间内他的决定难以奏效，然而作为一家大型企业的领军人物，他的回归就已经带给人们信心。

不仅在做重大决策的时候，戴尔能够及时调整步调、慧眼识人，更为可贵的是，他在包括暑期实习生在内的应聘面试时也经常亲自出马。戴尔凭借自己独到的眼光来判断这些应聘者是否有能力理解公司战略，以及能否帮助发展这个战略。他说："我们也希望找到经验与智慧均衡发展的人，在创新的过程中不怕犯错的人，以及视变化为常态并热衷于从不同角度看待问题和情况、进而提出极具新意的解决方法的人。"

每逢公司来一批新进人员，戴尔常常亲自出马。他做的第一件事就是了解这些人是用什么方法去处理信息的：他们如何定义成功，他们如何与人相处，他们是否会以经济的观点思考问题，他们是否真正了解当今社会的商业策略，他们对戴尔的策略知道多少、做何评价。

明白他们的这些想法之后，戴尔几乎每次都会故意去反对他们的个人意见。个中原因让人费解，而事实是这样的：戴尔希望通过这种方法，去看看这些人员如何做出及时的应变与反应，了解他们是否具有强烈质疑的能力，以及是否愿意并且有能力为自己的看法辩护。在戴尔看来，自信并且勇于坚持自己信念的人，是戴尔公司所需要的人才。过于圆滑、为维护表面的一团和气而尽力避免冲突的员工，戴尔并不喜欢。

有创造性和主动性、具备源源不断的全新想法以及开发新产品的能力、能与同事合作共事，并且在工作实践中不失自己的特点和自主性，是戴尔对员工素质的基本要求。戴尔积极寻

找的是具备学习者的质疑品行，并且随时愿意接触、学习、领悟新事物的人。在他的眼中，挑战传统智慧是万千成功要素中极其重要、不可或缺的一环，这就是戴尔会征求具有开放态度和善于提问、勤于思考之人的原因所在。

在人才发展方面，戴尔定下规矩：寻找并发展自己的接班人，是每个人日常工作的一部分，而不是当你准备调动新工作时才应该去做的事。这是公司工作绩效中永续的一环，所有人都应该并且积极地去做这件事。

在戴尔的眼中，对于他所从事的行业来说，保持公司领导的一致性、延续性很有价值。这是他从自己的经历中得出的观点，他认为保持公司领导的这种一致和延续实际上为公司的发展提供了一种持续性和延续性。这些年，他亲眼见到许多竞争对手的CEO，更换频率好像跟某一时间段日本更换首相的速度是一样的。不过，戴尔也承认，电脑行业的特性决定了它的发展总是会依赖于新的想法才会蓬勃、繁荣。而新想法的诞生，往往是由新加入公司的人提出的。因此，戴尔公司十分注意吸纳新人，以保持新的活力与激情，不断地产生新的想法。

此外，戴尔还经常会提到，当公司发展到一定规模以后，单凭他个人的力量来落实每个决定是不切实际的，所以他表示，团队和员工的成长更令他关注。

"我平日很随和，但看到员工总是犯同样错误时，我就会忍不住发火。我愿意重用并愿意提拔那些愿意自己找事做、而不是等在那里让人告诉他该怎么去做事情的人。我喜欢那些热情、爱不断学习、对工作充满兴趣、善于自我挑战的人。我也非常重用那些不仅自己能得到发展、同时也能发展其他员工的人，这是我们公司的一个重要的话题。"

从这段话中可以看出，戴尔欣赏那些热情积极、主动做事的员工。另外，那些能使自己不断发展，甚至促进其他同事也发展的员工，在戴尔公司会受到相当的重用。那么，戴尔公司是如何重用、鼓励这样的员工，又采用什么样的机制对员工进行奖励的呢？

戴尔将员工的前途与企业的发展紧密地结合起来，让每位员工都感受到强烈的奋斗信念和主人意识。具体做法是，令每位员工都拥有200股的股票。不仅美国本国的员工享受这一权利，英国、澳大利亚、中国等其他国家和地区的员工也一律享有这一权利。

那么，戴尔对员工的这种善待究竟达到什么程度呢？以戴尔公司在中国为例，1999年8月，厦门的戴尔员工每个人都得到了200股股票。当时，成交价格约为每股60美元，让人意想不到的是，3个月后，戴尔公司的股票猛涨到每股110美元。按照这样的情况，当时的每位雇员都能从中获得不错的收益。有人粗粗算了一下，账面收益大约有1万美元呢！

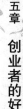

戴尔善待员工不仅体现在物质方面，更重要的是，他要让员工的潜能发挥出来，让员工从内心感到自己被认可。戴尔认为，要达到这样的目的，企业就应该做到：给员工提供一个成长的平台，并且为他们提供协助他们走向成功的工具。在戴尔，要允许并鼓励员工不断学习、成长、犯错误、改正错误，在员工成长的过程中，要时刻关注他们的兴奋点是什么、有没有变化。

第二节　在错误中学习

> 失败也是我需要的，它和成功一样对我有价值。
>
> ——爱迪生

作为经理人，戴尔可以称得上是在大型电脑公司任职时间最长的行政总裁。很多行政总裁在事业遭遇滑铁卢后做出反思，都会将失败的原因归结为：缺乏良好的实施能力。也就是说，他们不能高效率地将自己的意见付诸实践。同样，戴尔走过的历程也不都是鲜花和掌声，但他之所以能够长久地执掌帅印，应该归功于他不断地在实践中学习，也就是他所说的"犯错"。

实际上，犯错误并不可怕，真正可怕的是你没有勇气去面对，没有想出最为有效的解决办法。在前进的道路中，戴尔也曾不止一次地跌倒过，但是他能够正视这些挫折，并且从中吸取教训。回顾戴尔走过的路，他犯过这样几个错误：

第一，库存负担过重。我们在前文中说过，零库存，是戴尔公司一项骄人的运营策略，长期以来一直执行不辍。然而，有一段时间，随着公司销售额的迅猛增加，为了应对和保证大规模生产，公司开始习惯性地储存原料，以致竟然积压了金额高达数百万美元的芯片，最后不得不降价处理，公司也因此损失惨重。经历了这次挫折后，戴尔坚持只采购那些立刻用得着的材料。公司重新回到适合自己的道路上，坚持低库存经营的模式。

第二，放弃既定战略。市场千变万化，随之产生的销售方式与渠道也各有不同。戴尔公司的直销模式被奉为经典，一直被业界称道。不过有段时间，戴尔公司也曾经因为经不住诱惑而改变销售策略，试图通过零售渠道去做非直线销售。事实很快把答案告诉给了人们，戴尔公司也很快意识到自己并不擅长此道。历经波折，戴尔终于还是回到正轨，重新致力于直销模式。

第三，注重技术，而非顾客。戴尔公司能够长期屹立于业界，与其过硬的技术能力不可分割，这也是公司最为核心和引以为傲的制胜法宝。20世纪90年代初，基于这种对本身技术能力的自信，戴尔公司推出了代号为"Olympic"（奥林匹克）的系列产品。这套产品技术复杂，公司对销售前景充满信心。然而，市场反应却没有预期的那样热烈，我们来听听当时的顾客怎么说："那又怎么样？我们不需要那么多的技术。"公司当机立断，取消了该系列产品。经过此事之后，戴尔公司只"根据顾客明白无误的需要和反馈"来设计产品——这是迈克尔·戴尔亲自提出的原则。

第四，拔苗助长。从事业初创开始的十几年的时间里，戴尔公司一直强调增长。然而，过快的增长超过了公司自身的管理能力，也造成一些严重的问题，公司甚至一度面临崩溃。看到公司面临这样的局面，戴尔心中痛苦，然而痛定思痛的他马上冷静下来，并且认识到这个时候必须要起用经验丰富的管理人员，把权力下放。此外，戴尔还承认，公司之前一味追求增长的发展思路也应该做出适当的调整和改变。为了应对当时的局面，也为了公司更加长远的发展，应该转变片面追求增长为平衡发展利润率、流动性和增长率。发展思路一变，戴尔马上便豁然开朗了。他提出，各个业务领域要制定损益报告，要促使每个人有条有理地作出计划。

我们常说：失败乃成功之母。看一个人是否成功，不仅要看他取得了多少令人艳羡的成就，更要看他跌入谷底时如何应对。正是得益于在错误中不断学习的能力，戴尔公司才能够一直发展、不断进步。坚持高效率的策略实施，市场反响不好的话则迅速改变的发展策略，为戴尔的长足发展保驾护航，帮助戴尔赢得了人们的赞赏，也值得我们去借鉴。

第三节 找回迷失的企业灵魂

> 经营企业，是许多环节的共同运作，有时一个念头，就决定整个失败。
>
> ——松下幸之助

众所周知，在很长一段时间内，"直销模式"都是戴尔公司的制胜法宝，使其在应对并满足大客户需求时如鱼得水。但是，随着社会的发展，在面对日益复杂的个人消费市场时，这种模式的弊端逐渐显现。2011年，迈克尔·戴尔决定改变策略，在接受《福布斯》杂志采访时，戴尔表示："在2006年至2007年间，我们意识到，戴尔公司销售、组装、配送电脑的经

营模式不再奏效。我于2009年秋向团队成员宣布了戴尔公司的新战略。他们的反应是终于出来了！"

迈克尔·戴尔本来已经计划隐居幕后，计划虽好，但风云变幻的IT市场显然不想让这位传奇人物这么早就退休：在电脑公司排行榜上，戴尔被挤下第一名的宝座，由惠普取而代之。2007年，已经退居幕后的戴尔决定重回公司，并出任CEO。

形势逼人，该怎么办？戴尔很快表现出了变革决心。

他的第一个举措就是，动手打破引以为傲的直销模式。他及时调整思路，在各个市场上与百思买这样的零售巨头开展合作，并且加快搭建经销商网络。

同时，他又以用户群体的不同来划分产品线，分设出消费者、大企业、政府机构、中小企业四大部门，同时给予这四大部门在全球范围内各自制定适合自己决策的权力，便于及时应对变幻的市场形势。

不仅如此，戴尔立足顾客的喜好与需求，开始着力改变产品原有的形象。众所周知，此前戴尔的产品是稳重大气的商务形象。这个时候，公司决定做出调整，针对市场的需求与顾客的喜好，在产品设计阶段投入全新的创意和想法，使得新产品应用了彩色外壳和时尚圆滑的设计元素。

戴尔的事业是从PC产品起步的，然而近些年来的发展却屡屡证实PC产品利润率在不断降低。在这样的境况下，戴尔

和创造世界名牌的人

一起放飞梦想

Let the dream fly

必须面对现实，他驱动公司走上了蓝色巨人IBM之路：公司不仅要提供电脑产品，还要提供存储设备、软件产品和企业技术服务。

从2007年出山到2009年正式宣布转型战略，戴尔具体是如何实施的呢？

首先，戴尔在存储收购方面做了一系列的大动作。2007年，戴尔以14亿美元收购了存储器制造商EqualLogic。EqualLogic为企业级客户提供重要数据和信息的保存平台，对戴尔的大型企业事业部来说意义重大。2010年，戴尔吞下了Elanet和Ocarina，满足了集群NAS存储和数据重复删除的需求。戴尔与惠普竞购3PAR失败后，终以八亿两千万美元收购了Compellent，Compellent产品线为用户提供了更好的性能，更快地融入到用户已有的FC应用环境中。这一举措，不仅满足了大企业用户的需求，还弥补了戴尔EqualLogic产品线的上行空间的不足，收获巨大。

其次，除了着眼于整合存储产品生产线，戴尔还将目光聚焦在自己的企业客户身上。对企业用户而言，硬件领域的改善远远不够，他们需要IT业务战略规划咨询、一体化解决方案以及后续管理维护等一系列服务。

2009年，戴尔公司以39亿美元的价格，收购了IT服务供应商佩罗系统公司（PerotSystems）。当时，这家公司的业务遍及25个国家，在全球范围内发展了1000多个关键客户，因此，把这家在全球医疗及政府IT服务领域占有显著地位的企业收入囊中，对戴尔来说意义重大。

此后，戴尔又马不停蹄地继续开展收购，2010年11月，戴尔收购了云计算解决方案厂商Boomi；2011年1月和7月，戴尔分别收购了安全服务厂商Secure works和网络设备公司Force 10 networks。经过努力，戴尔公司已经成为产品涉及软件、服务器、存储、网络、服务、安全、云计算、云客户端的计算技术等八大领域的IT产品与服务供应商。不过，戴尔虽然在企业用户领域下了很大功夫，但似乎这一块的收入还无法弥补PC业务下滑所带来的损失。

2012年，进入"转型"第五个年头的戴尔公司进行了一次企业构架调整，重点是改革消费者部门：原来的消费品部门被归在服务器消息块业务部门之下。有分析者认为，戴尔此举透露了很多信息，其中一个就是：消费市场也许并不是戴尔关注的重点。

一直以来，戴尔都以富于探索与创新精神而著称；但另一方面，戴尔也的确是名跟进者。比如说，他一直追随着IBM的脚步，在企业级产品上放慢前进的脚步；而在消费级产品的研发生产上，他远远地落后于苹果等标杆企业。

盛衰之势，为何如此难以逆转？

从表面上来看，戴尔此刻面临的业绩不佳好像是因为一时的运营失控而导致的。实际上，其存在的问题却严酷得多。相对于大多数传统产业来说，PC产业是一个较为新兴的产业，更新换代的速度十分迅捷。在迈克尔·戴尔退居二线的那几年中，整个PC产业已经重新排兵布阵，悄然完成了一次规则变化。在2004年以前，台式机仍然是行业的主流，买家主要集中于企业级客户，也正是这些特点，让依靠直销的戴尔公司俨然成为行业标杆、效率机器。然而，到了2005年，笔记本电脑开始受到消费者的普遍欢迎，以美国为例，这一年，笔记本电脑所占的市场份额首次超越了台式机。此后，整个电脑市场开始发生显著变化，"个人消费者＋新兴市场"取代"企业级用户＋美国市场"，成为新的利润增长点。

瞬息间的行业变化，让摸不着头绪的戴尔从优势转向疲弱。在此前的发展中，戴尔致力于为企业提供不同配置的台式机以及售后服务。当个人用户成为市场消费主体时，一方面戴尔已经无法提供个性化的设计，另一方面其售后服务也无法满足个人消费者千变万化的需求。而戴尔的竞争对手也早一步意识到市场的变化趋势，并为消费者提供了丰富的产品以及日臻完美的服务，很遗憾，戴尔被甩在了后面。

虽然，戴尔在美国仍然是IT行业的领头羊，但不可否认，台式机的收入日益减少。所幸，戴尔已经开始着手多元化发

第五章 创业者的好品质

展，其在服务器领域已经拥有了12.5%的市场份额。接下来，它必须与IBM、惠普这样依靠服务业务拉动服务器销售的公司展开艰苦竞争。

那么，重新走到台前的迈克尔·戴尔又给人们带来什么样的新希望？或者说，他凭什么让人们对戴尔重拾信心？这个问题没有标准答案，但至少人们看到了一点，那就是戴尔没有照搬过去帮助他获得成功的一切经验、模式，在他的引领下，戴尔不再固守自己熟悉的直销领域，开始全力进军零售市场，为赢得消费者的青睐而把产品设计放到重要的位置。总而言之，为了找回企业迷失的灵魂，戴尔带领他的团队，开始重新学习，重新上路。

在逆境中蜕变并且迎难而上，这是戴尔的做法，也是聪明的做法。

第四节　树立独特的企业文化

> 敢于冒险一直是我们企业文化的一部分，尽管后来的管理者在这方面有所减弱。……但我宁可冒险去做十件事情，其中有八件获得成功，也不愿意做五件十拿九稳的事。
>
> ——迈克尔·戴尔

1.　"Direct（直接）"

许多世界闻名的企业，不仅有为人称道的代表产品，还有令人称赞、警醒的企业文化。戴尔的企业文化是什么？让我们通过戴尔公司的一个面试片段来一探究竟吧！

参加面试的应聘者是一名30岁的海军退役军官，此前他曾在某市电信局运营维护中心担任技术负责人。1998年初，他辞去原有的职位，来到戴尔应聘。两星期以后，戴尔公司负责招聘的职员对他进行了一次电话面试，要求他说一说自己是怎样降低部门的经营成本或节省时间的，这位海军退役军官称，自

己在海军服役的时候，受洛克菲勒的管理故事的启发，创造了"一张纸原则"，即无论是向上级汇报工作还是向下级布置任务，内容方面不能超过一张纸，时间上不能多于三分钟，在这个范围内把事情讲清楚讲明白。

应聘者与主考官之间的对话直接简洁。这恰恰印证了这样一句话，在戴尔公司的企业文化中，"Direct（直接）和鼓励员工超越自我一直是其精髓"。

"Direct"是戴尔企业文化的一个重要概念，很多人在刚刚接触时并不适应，甚至觉得这种方式十分出人意料。试想，你是一位刚刚来到戴尔公司工作的员工，对公司的制度和人员等各项内容了解尚浅。这个时候，人事部门却将一张名单交到你手中，让你与各部门负责人进行一对一的谈话。

不要以为这是编出来的故事，事实上，的确有这样的事情发生。不过，这样直接的方式刚开始的确会令人摸不着头脑，因为与我们之前的行事方式十分不同。不过很快，你就会发现，这种扁平化、直截了当的沟通方式让人非常喜欢。

人们对"Direct"很感兴趣，这就引起了一些人的思考。为什么"Direct"会成为戴尔企业文化的关键词汇呢？应该说，这种企业文化的形成，与戴尔从一开始就坚持的直销模式密不可分。直销模式，是戴尔的制胜法宝之一。直销对数字的敏感、对面对面接触了解的必要，使得戴尔在长期以来的竞争中显示出独特的优势，如果能与零售文化相融，一定十分互补！

事实上，迈克尔·戴尔曾一再表示："戴尔的Direct不会改变。"他做出的一切改变，都与"直接模式"密切相关。比如，戴尔本身的供应链管理系统已经让所有戴尔人引以为傲，但是它仍选择像沃尔玛这样具有良好信息系统的大型零售商作为销售延伸，因为沃尔玛的零售信息系统绝对不亚于戴尔。

这样一来，无论在全球任何地方，用户都能通过沃尔玛顺利地买到一台戴尔电脑。而且如果没有任何环节出现故障的话，只要消费者支付成功，不只是沃尔玛总部，戴尔公司也能在两个小时内得到订单的详细信息。即便是国美这种信息系统无法与之相提并论的零售商，也能在一天的时间内将销售信息反馈给戴尔。库存周转得到提高，就节约了时间，为戴尔高效的经营销售提供了保障。

2. 敢于冒险

迈克尔·戴尔曾明确表示，自己宁肯冒险去做十件没有把握的事情，哪怕只有八件事获得成功，也不愿意花费同样的时间去做五件十拿九稳的事情。而在戴尔公司成长、成熟的过程中，仍然努力保持企业初创时期的那种冒险精神。也许，连续收购9家中小IT服务公司就是最能说明这一问题的例证：并购

Everdream公司，Message One公司，TNWSC公司，花费14亿美元巨资并购EqualLogic，等等。

现在看起来，这些大刀阔斧的并购必须极具魄力才能办到。那么，戴尔当时是有多大的把握才去做这些的呢？他是胜券在握吗？戴尔后来回忆说："做这些决定我冒了很大的风险，因为我不能确定这些公司是否能成功为我们所用。"

不过，必须明确的一点是，戴尔所说的是"冒险"，不是"冒失"。

通常在收购一家企业之前，迈克尔·戴尔和他的团队会尽可能地做详尽的市场调查。以巨资收购EqualLogic为例，一番调查过后，迈克尔·戴尔仍拿不定主意。于是，他特意跑到公司实验室，想要征求经验丰富的工程师们的意见。这些工程师对竞争对手的一举一动堪称了如指掌，不过，虽然他们对EqualLogic公司的存储技术十分赞赏，但是他们不打算直接用自己的意见影响老板的决定，而是以严谨认真的态度为戴尔进行了1小时的产品演示。正是这一系列严谨完备的准备工作，让迈克尔·戴尔做出细致的思考，下定了最后的决心。

和创造世界名牌的人

一起放飞梦想

Let the dream fly

第五节 广开思路，激发无限

> 选择最艰难的路，你就会相信自己没有竞争对手。

> ——戴高乐

戴尔的辉煌，见证了PC行业的辉煌。随着"后PC时代"的来临，PC行业的全球格局与发展战略受到整个世界的关注。戴尔作为这个行业的巨头之一，其应对策略和战略自然也受到全球的瞩目。戴尔公司认为，现阶段要做出的应对方案是立足于全方位的整合式市场解决方案。因为只有如此，戴尔才有可能在瞬息万变的环境中不断生存、持续发展。

2012年11月29日，一场名为"激发无限——戴尔中国高峰论坛"的活动，在北京拉开帷幕。与以往的峰会不同，在这次论坛上，主办方、嘉宾、专家、客户等都成了主角。300多名专家、客户代表与戴尔齐聚一堂，了解戴尔通过技术讲演、客户分享、现场展示等多种生动的活动方式所展示的先进技术，分享戴尔为顾客提供优质产品与优秀服务的真诚与用心。

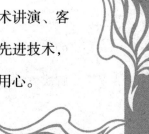

而对于业内人士来说，他们更关注戴尔高层在活动上的开幕致辞，期待能够从中对戴尔今后较长时间内的发展战略窥探一二。而戴尔全球首席营销官卡伦·金托斯以及大中华区总裁杨超也没有让人们失望，在会上详细介绍了戴尔未来的全球市场战略及部署。卡伦·金托斯表示，戴尔关注客户需求的宗旨永远不会改变。过去，戴尔曾开创了PC业界的直销模式，并且以硬件厂商的形象示人。然而，"后PC时代"的来临使得PC市场利润愈加微薄。为了企业更快、更健康地发展，今后戴尔会将大部分研发预算用于企业转型，努力开拓市场，这也是"创意无限"这一口号的由来。

"激发无限"的提出与当下的时代特征相符，也与戴尔的发展战略相合。激发无限，不仅要求戴尔去发现、激发并改变人们生活、工作以及娱乐的方式；同时，也需要客户及时、准确地提供反馈意见，与戴尔共同成长。在中国市场，戴尔与国美、奇虎等企业客户进一步探讨创新趋势。戴尔不仅提供最新一代的服务器、存储、网络等硬件和软件产品，还将通过更为全面的服务内容提升其市场竞争力。

最初在2007年，戴尔就开始直面当今PC业乃至IT业的发展趋势、启动转型战略，由早期的PC供应商转型过渡到完善的企业级解决方案供应商。其后，又积极研究最新技术、提出解决方案，在这次论坛上共划分了制造、金融、教育、医疗等

4个行业分别阐述，提出了存储、虚拟化、云计算等3个技术分论坛。

一直以来，戴尔都持续着眼PC新品，如今开始关注更为广阔的对象。例如，企业级客户需要一个更为完整的解决方案，戴尔目前的完整解决方案就开始从以往单纯的服务器、PC本身，把目光更多地关注到如何在移动互联网中站稳脚跟，如何获得长久持续的发展势力。

转型，并非一日之功。但是，原地踏步永远只是纸上谈兵，只有迈出坚实的步伐，才能越走越顺利，越走越舒畅。如今，在转型之路上，戴尔已经开始迈步前进，比如，不断研发新的产品，提出新的解决方案，完善产品线等。不过，如何有效提高戴尔的核心竞争力，如何描绘全新的蓝图，这些问题都等待着戴尔在今后的发展中逐一解决。

转型期的戴尔遇到诸多挑战与困难，但转型的脚步不会停顿。大家都在期待着迈克尔·戴尔的下一个动作，期待戴尔的华丽转身。那就让我们拭目以待吧！

和创造世界名牌的人

一起放飞梦想

Let the dream fly

第六节　布局多元化

不创新，就灭亡。

——亨利·福特

　　一家企业要想在一个竞争激烈的行业里取得成功，就必须有自己的独到之处。以戴尔公司来说，虽然它的高效率令人称道，但这绝不是其制胜的关键。那么，戴尔还有什么秘密武器？戴尔的首席运营官罗林斯曾经说过，戴尔的"市场介入"理论是帮助它取胜的重要因素。"市场介入"理论能够帮助戴尔精准地发现市场的切入点，并且迅速抢占市场。具体是怎么做的呢？

　　通常情况下，戴尔会悉心观察，果断出手。也就是说，当市场逐渐开始成熟、行业标准已然形成、配件供应也比较充分的时候，戴尔会当仁不让地介入某一市场，同时以较低的价格迅速抢占地盘。在"市场介入"理论的指导下，戴尔公司总是能够在市场上占据有利的地位。

　　通过及时有效的"市场介入"，戴尔不断巩固了其在个人电脑市场的领导地位，获得持续发展。紧接着，戴尔又雄心勃勃地迈出前进步伐，提出了一个令同行吃惊的"多元化"扩张战略。也就是说，戴尔所试图大打拳脚的领域已经不再局限于原来的个人电脑市场，而是进一步加快扩张步伐，逐渐将高端便携电脑、服务器、工作站、交换机、网络存储系统、掌上电脑、打印机、收银机等多种产品纳入其势力范围。

2002年，首席运营官罗林斯就提出了一项宏伟的发展计划：要在 5 年之内，让戴尔的营业额翻一番，达到600亿美元。尽管戴尔在具体的实践过程中，有些做法遭到过批评，然而人们却不得不承认：戴尔的确具备达到上述目标的能力。

在个人电脑市场取得突出业绩之后，戴尔着力于多元化的领域扩展，甚至注目于流行文化元素之一的"电影"。2012年11月4日，作为全球领先的IT企业，戴尔宣布全面助力蒂皮特工作室（Tippett Studio）。戴尔的加入，不仅提升了这间工作室的作品质量与生产效率，在戴尔的帮助下，蒂皮特工作室还实现了扩大业务规模的愿望。

蒂皮特工作室曾经为《暮光之城》等许多影片提供后期处理协助，主要为在展现其视觉效果方面做出技术支持，是帮助影片实现最佳效果的幕后力量，在电影业界拥有一定地位。在戴尔的帮助下，其原有的数据中心得以升级改造，极大地提升了工作效率。如今，工作室每周制作的镜头数提高到原来的5

倍，夜间工作时间增加了近4倍，这全部得益于戴尔的技术帮助和支持。

第七节　开创多元化发展

> 知识本身不会使一个人具有创造力，创造力的真正关键在于如何活用知识。
>
> ——罗杰·冯·伊庄

直销模式，曾经在很长一段时间里是帮助戴尔建功立业的营销利器。但是，随着社会的发展、时代的变化，这种模式表现出很大的局限性，以至于戴尔公司的业务增长缓慢，甚至一度陷入低迷。2007年4月27日，迈克尔·戴尔表示，公司要考虑直销以外的其他业务模式。很多人认为，这是戴尔传递出的一个十分明显的信号：直销模式虽然为戴尔创造过诸多辉煌，但它确实已经到了宝刀已老的地步，如果再不寻求变革，终将成为明日黄花。

那么，曾经风光无限的直销模式，真的要在戴尔王国里被画上句号吗？

并不完全是这样，只不过社会与时代都在发生转变，用户的需求也随之变化，戴尔必须跟随这些变化适时调整战略，简化业务模式，选择包括直销模式在内的多元化营销模式。不过，戴尔的多元化战略并非全盘铺开运作，他积极着力的重点项目主要集中在商用计算机领域、存储系统领域、网络交换产品领域和服务领域等方面。

　　就商用计算机领域来说，存在着大约500亿美元的市场潜在机会。在这一领域，IBM、惠普、SUN等少数几家公司是公认的领导者。同时，它们也是戴尔公司的主要竞争对手。不过，一直到20世纪90年代中期，戴尔才决定进军这一市场，并且在短短三年的时间内，其低端服务器就远超业界老大康柏，以31%的市场份额高居榜首，战果不可谓不显著。要问戴尔成功的秘诀何在，那就是，向业界标准看齐，最大限度地模糊不同产品的区别。可以说，戴尔的产品作为一种无差别的通用产品而受到广大消费者的欢迎。

　　在作为戴尔公司的主攻领域之一的存储系统领域里，戴尔与主要竞争对手EMC、日立和惠普公司争夺价值220亿美元的市场份额。在这个领域中，不同厂商的产品通用性普通较好，因此戴尔在商用计算机领域取胜的秘诀在这里失去了效力，同时因为缺乏经验，戴尔在向这一领域进军的过程中遭到挫折。不过，戴尔及时调整了战略，它与业界老大EMC联盟，从而很

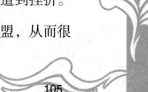

快扭转了不利局面。

网络交换产品领域的潜在市场高达130亿美元，对戴尔公司来说，主要竞争对手是思科系统公司、Enterasys、北电网络以及3Com。在这一领域中，戴尔的主打方向是路由器和交换机。戴尔针对这个领域产品通用性较差，产品科技含量极高的特征做出战略调整，在这一领域放缓脚步、谨慎行事，将发力的重点主要集中在低端市场。

长期以来，戴尔公司都靠优质的产品来说话，因此，在转型向服务领域进军的时候，多少显得有些底气不足。这一领域大概是戴尔公司要面临的最大挑战，戴尔在这一领域的主要竞争对手有埃森哲、惠普、IBM等公司。然而服务领域的潜在市场商机巨大，约为3500亿美元，如此诱人的市场和前景无法不让人心动。

戴尔希望通过自己的努力，得到消费者的认可，并进而在服务领域站稳脚跟。其实，对于一个有着20年历史的全球知名企业来说，戴尔的产品是值得我们信赖的，所以我们相信，即使无法在很短的时间内取得巨大的成功，戴尔也有机会、有实力成为最后挺立潮头的那一个。

实际上，多元化的发展模式，其未来和前景也许是美好的，也许是惨淡的，这一点谁也无法确定，然而无论怎样，多元化经营是需要经过一个长期的过程才能够实现的。戴尔在转变经营模式的时候，经历了各种权衡与探索，也势必会受到各种质疑。然而公司的创始人迈克尔·戴尔却坚信，这种转变在戴尔的全部经历中会是一段别具意义的旅程，他说："这是公司历史上最令人兴奋的一个阶段。"他对全体成员的要求是，团结一心，打赢这场意义深远的改革攻坚战。

Michael Dell

第六章　领跑互联网时代

Michael Dell

第一节　纳斯达克时间

> 把每一件简单的事做好就不简单，把每
> 一件平凡的事做好就不平凡。
>
> ——张瑞敏

让我们把时间回溯到1984年1月2日，那时，还是一名大一学生的迈克尔·戴尔注册成立了自己的电脑公司。他通过把自己改装升级后的电脑卖给顾客，每个月可以赚5万—8万美元。同年5月，他的戴尔电脑公司也正式成立，其注册资金仅为1000美元。

在此后的岁月中，戴尔公司不断成长、持续发展。到1986年时，公司的年收入已经达到6000万美元。1987年3月，22岁的戴尔当选为美国学院企业家协会1986年度"青年企业家"，从此，在美国商界，一颗新星冉冉升起。

1988年，戴尔公司在纳斯达克公开上市，戴尔的名字从此响彻华尔街。当时，公司融资3000万美元，市场价值也达到了8500万美元。乘着这一发展势头，20世纪80年代末，戴尔进一

步拓宽发展范围，在世界范围内创办了新的子公司，例如加拿大就成立了戴尔的全资子公司。

放眼全球的同时，戴尔也不忘优化提升。通过对公司结构的大胆改革，使得一个更有效的全球范围统一的产品资源势力逐渐建立，也有效地集中了销售和市场的配套设置。到了1989年，戴尔在全球的销售形势一路向好，收入高达2.5亿美元。于是，在法国、瑞士、爱尔兰及其他一些欧洲国家，戴尔又分别开设了分公司及办事处。1991年3月，戴尔欧洲制造中心在爱尔兰成立。进入20世纪90年代以后，戴尔的发展走上快车道，创造了收入平均年增97%、净利润率达到166%的佳绩。

不过短短的数年时光，戴尔从一家偏居一隅的小公司，不断发展壮大，成为比肩康柏、IBM等业界元老的业界新盟主。仔细观察戴尔的成长之路，我们就会对其成功之道深有感触。戴尔的成功，与其一直以来坚持的低价直销的经营策略关系巨大，如今，这种策略已经或者正在被业界成千上万的厂商们竞相效仿。迈克尔·戴尔能够在这样的竞争之中脱颖而出，最为突出的也是它最为与众不同的一点是：公司的迅速崛起并不仅仅依靠领先的技术，它还依赖于一种价值观念、一种商业模式。而且更令人匪夷所思的是，这个模式在之前的岁月里并不被大家看好。

事实上，戴尔公司从诞生到一步步走来，一直有各种质疑和非议伴随左右。然而，戴尔却不受这些流言所影响，他一直坚持着眼市场，抓住市场上出现的新苗头，准确预测市场的各种变化，从而引导新的需求。而这些正是旁人所低估、放弃或绕过的，正所谓：取人之弃，独得其利。

　　如今，很多人都盛赞戴尔的直销理念，认为是戴尔独创的成功秘笈。然而，电脑直销并不是戴尔的什么创举。这就好像山姆·沃尔顿经营沃尔玛超市，并把它开到乡村一样，并不是什么超凡的创意。不可否认，沃尔顿拥有巨额财富，然而他之所以被称作天才，就在于他知道如何能有条不紊地建立市场基础。同样，迈克尔·戴尔也深谙这样的道理：从小事做起，一步步地迈向成功。这才是戴尔的过人之处，他善于从别人的成功中借鉴经验，并且把它运用在自己的领域，从而获得成功。

　　康尔特·托福尔是戴尔公司的副总裁，他曾经这样评价创始人迈克尔·戴尔："在我看来，迈克尔的天赋并没有得到应得的肯定，对市场的每一丝动向都有敏锐的洞悉，是他创造了戴尔公司经营模式的要素。"

　　把最简单的事情做到最好，你就成功了。一直以来，戴尔公司努力去做的就是组装和销售计算机，其所奉行的是一种最朴素、最实际的哲学。戴尔深信：最佳的电脑经营模式，就是为客户提供"量体裁衣"的服务。为用户所思，为用户所想，这样才能提供让用户感到切合其需求的产品。而"直销"这一

独特的策略，也让戴尔公司的业务获得了迅速增长。

第二节　让对手学不来

可持续竞争的唯一优势来自于超过竞争
对手的创新能力。

——詹姆斯·莫尔斯

迈克尔·戴尔说：我们有最好的生意模式。他所谓"最好的生意模式"，就是戴尔式的直销模式。戴尔强调，直销是其"核心竞争力"，戴尔的管理风格也是"直销"。

直销是戴尔公司优于竞争者最显著的特征，然而戴尔所说的直销并非人们通常意义上理解的直销。对计算机市场上的直销模式，戴尔有自己独特的理解，这种独特理解，成就了戴尔的独特优势。具体来说，从零部件到供应商及最终用户，戴尔通过一整套完整的流程，始终控制着其中的每一个环节。戴尔说："人们只把目光盯在戴尔公司的直销模式上，其实直销只不过是最后阶段的一种手段，你要掌握好直销的本领，首先就要完全理解直销的含义，然后才能很好地对其加以运用。我们真正努力的方向是追求'零库存运行模式'和为客户'量体裁衣'定做电脑。由于我们是按订单和客户的要求定做电脑，所以我们的库存一年可周转15次。相比之下，其他竞争对手，其周转次数还不到戴尔公司的一半。"

而提到库存，在经营产业的过程中，任何一家公司都不能忽视库存的重要性，尤其是对物料价格或信息价值容易快速滑落的产业而言，积压存货是非常糟糕的情况。因此，在公司的运营程序中，存货管理占据最重要的地位，它不仅是公司制胜的策略，也有助于抵抗原料的快速贬值。相应地，如果存货较少，那么对现金的需求就会缩小，从而降低风险。对于企业来说，要想有一个理想的存货管理，那么在最初的设计中就不仅应该考虑整个产品的供应链，还要关注制造过程，争取以最少的零组件存货量，来满足最大的市场需求。

从起步到发展、壮大，戴尔公司集中做的重点工作主要有两项：第一，为客户度身定做一整套综合软件、硬件的流程，使客户与戴尔公司都能降低成本；第二，实现个性化，使戴尔公司能为客户提供更高层次的服务。

在PC行业，厂商有很多价格的压力。戴尔非常自信地表示：通常情况下都是我们给他们价格上的压力，因为戴尔拥有最好的成本结构，能够在市场上进行有效推进。针对于此，戴尔也会适时调整战略，例如，要进军中国市场，戴尔就需要降

低其PC成本。

直销模式为戴尔带来了可观的利润，首先因为戴尔能以比对手更快的速度，在技术上实现更新。其次，"6天存货制"让戴尔保持了低成本，加之它根据订单来做电脑，所以戴尔公司既保持了一定的发展速度，也赚取了可观的利润。

如今，戴尔公司的直销模式已经在全世界几乎所有的关键市场上铺开，戴尔用事实证明自己的实力：直销到哪儿都灵，这一点，戴尔有大量的事实能够证明。

也许有人要说，既然戴尔的直销模式这么有用，又被那么多企业效仿、学习，尤其当这种策略被竞争对手所用时，会不会影响甚至制约戴尔公司的发展呢？

的确，已经有很多竞争对手包括康柏公司开始实行直销模式了，但那些模仿者并没有将这一策略运用得很好，当然也就难以阻止戴尔的增长。举个例子来说，这些模仿学习者有点像从打垒球转向打篮球，虽然垒球和篮球都是体育项目，但却是两个完全不同的领域。同样的道理，这些公司想要从原有的模式向另一个模式转变，其实是非常困难的。因为他们一直以来习惯于依赖间接渠道来进行销售，如果突然间改为直销，就需要走更长的路。

因此，即使戴尔的直销模式为许多公司所仿效，却并未有哪个公司能将这一模式像戴尔公司一样运用自如。现实的情况就是，一个客户如果想通过直销购买产品，他还是会来找戴尔。

戴尔的优势在于他首创了直销的业务模式，并且具有20多年的直销经验。另外，在其他企业以它为榜样不断学习的时候，戴尔并没有停滞不前，而是采取更多的方式不断探索、提高自己的业务水平。在其他企业还在彷徨两难、为坚持还是转向纠结的时候，戴尔已经开始向新的领域进行探索和拓展了：比如，通过使用互联网来降低成本，戴尔将销售服务放到网络上，其网上的销售额达到每周3000万美元。

纵观世界排在前五名的个人电脑公司，像戴尔公司这样仍然在赢利的恐怕只有两家而已，而戴尔之所以能够做到这一点，既得益于其快速的增长，更在于其独特的业务运转系统，它使得戴尔的成本结构降低了一半。

戴尔很会观察，也很会为自己挥旗呐喊。他在仔细观察对手之后，对IBM在运作个人电脑上存在的弱点做出分析，并指出由于其在成本结构及经销渠道上存在着不足之处，导致在PC销售量上远远落后于戴尔，亏损近10亿美元，而戴尔却在PC上盈利了20亿美元。

你可以这样认为，一个成功的人，不仅要具备创新的才情、奋进的勇气，有时候还要审时度势，明白自己的处境并做出适当的举动，发表适当的言论。迈克尔·戴尔，就是这样一

个人，当公司取得骄人成绩的时候，他总是适时地站出来，为自己的公司进行代言、宣传。他有实力，有信心，还有无可取代的人格魅力、企业精神。

第三节　直销的浮沉

> 人类的创新之举是极其困难的，因此便把已有的形式视为神圣的遗产。

> ——蒙森

在以往的商业模式中，产品要到达顾客手中，通常要经过制造商、经销商、零售商等中间环节才能实现，而这种间接销售的模式也在大多数产业中被广泛应用着。以计算机产业为例，制造厂商负责生产计算机，产品到达经销商和零售商手中，再开始销售。当然，计算机产业也存在直接销售，但是计算机制造商只对那些最好且最大的顾客群体进行直接销售；采购量较小的企业和个人消费者，通常享受不到直接销售的待遇，而是需要通过零售管道或专卖店来购买商品，多数电脑产品正是通过这种渠道来实现全国性的销售。

这就出现一个问题，当大多数零售商和顾客并不具备相关的计算机专业知识的时候，这就意味着这种间接销售是建立在一种充满变数的基础上，想想看，买方对自己的需要一无所知，卖方对自己销售的产品也不甚了解，这样的买卖关系，怎么可能稳固持久？

这就是一些厂家留不住顾客的原因，针对这个问题，戴尔公司采用直销模式，根据顾客的个性化需要装配产品，然后把产品直接寄送到顾客的手中。与传统商业销售链最大的差别就在于，这种模式完全抛开了中间商和零售商，挤掉这部分的利润分成从而使产品价格更加低廉，这就是直销模式的优点。这种模式的特点可归纳为以下几点：

第一，先有订单，照单生产。顾客通过电话或网络下订单，戴尔公司按照订单进行组装。一方面让顾客能够自由选择需要的产品配置；另一方面，公司能够有针对性地订购配件，无需大量囤货，节省了资金，可谓双赢之举。

第二，直接面对顾客。通过这种模式，直接面对顾客的诉求，与顾客建立紧密的联系。这样不仅节省资金和成本，还有助于了解顾客的需求，并有助于培养稳定的顾客群体。

第三，提高效率，降低成本。顾客下订单——公司根据订单组装——直销，通过这一系列程序，一个高效的供应链建立起来了，大大降低了企业的生产成本。

第四，与顾客及时分享业界的最新成果。由于戴尔的产品多为标准化成熟产品，因此，顾客选择购买戴尔，就能够及时了解到与产品有关的最新研究成果。

作为戴尔最成功的营销策略，抛开中间商，把那部分利润收入囊中或让给消费者，是直接销售的根本诀窍；做一个不生产零件、只进行组装的企业，是其最终的目标。

就这样，一种全新的经营方式诞生了。这种方式实行接到订单后组装生产，最大限度地满足顾客需求。戴尔从顾客出发，关注顾客的根本利益，并下定决心让员工花40%的时间去与顾客在一起。

我们再从个人电脑的生产来看。个人电脑是由不同来源的标准零件组装而成的，生产模式相对集约，从来都没有特殊的订单。这样一来，虽然生产者按照一定的模式开展生产，减少了麻烦，消费者的个性化需求却得不到满足：内存是大还是小，外部款式是圆润还是方正，颜色是黑色还是白色，等等。消费者没有选择的权利，只能在生产者提供的选择范围内进行挑选。正是这样缺乏创新的服务，催生了照单订做模式的产生。

照单订做使企业尽可能提供多样化的产品，满足顾客的个性化需求，同时降低零配件价格，缩短生产时间，减少库存积压。如此一来，库存积压的数量和金额就与生产商的利润直接挂钩，这就是戴尔所谓的"利润池理论（profit pools）"：一个公司必须比竞争对手更有效地减少零配件库存，才会获得更加丰厚的收入。

那么，戴尔的直销模式的特性是否适用于其他企业呢？

也许，像思科系统公司这样大的技术公司会比较容易实现戴尔模式。不过，为了区别于市场上的同类产品，思科对它的供应商提出较高的要求，即生产独特的零部件，而这就需要预先下订单。预先订单过多，零件会因积压而失去价格优势；预先的订单过少，又对迅速寻找到另外的供应商生产所需零件造成难度。而戴尔则要求产品统一标准，这样做的好处是，一旦失去与竞争对手共享的市场份额，也能够很容易地把不必要的库存商品售出。

究其实质，直销就是通过简化销售环节来省略中间商，由此降低产品在从工厂到消费者手中所耗费的成本，并且最大限度地让利消费者。

与此相对应的非直销模式中则有两个必不可少的环节：从制造商到经销商，再从经销商到消费者。环节增多了，势必延长商品所有权转让的时间，也会增加商品转让所需的成本，出现了更多的利益分割者。

几年前，电脑品牌不断增多，打算购买电脑的消费者也越来越多。然而，大多数消费者并不具备专业的计算机知识。因

此，面对琳琅满目的电脑产品，消费者在购买时就会出现许多问题和困惑，需要有人来帮助他们进行挑选、甄别。戴尔公司抓住了这个时机，也为了满足这部分消费者群体的需求开创了新办法，那就是：摒弃传统的分销策略，直接采用电话订购与销售等直销模式。

戴尔进军电脑行业之际，正是竞争对手们在向零售渠道转变之时，戴尔另辟蹊径，开创了一条既能给消费者提供帮助，又能跳过经销商或分销商网络开展销售的好方法。戴尔驾轻就熟的通讯技术，也为这一崭新渠道的开创立下了汗马功劳，从而更加快捷地替代了传统的分销渠道。戴尔的这种模式后来被许多行业复制，例如韩国大宇汽车集团公司就是通过直销模式，放弃了传统的汽车交易商网络，取得成功。

戴尔公司开展直销，一般有这样的步骤：首先，将出发点放在顾客身上，而非竞争对手。通过对顾客需求进行透彻研究、细分市场和提供异质化产品来切入市场。其次，为了保证直销的便捷与全面，戴尔会尽量增加直销的触角，通过网上直销、电子商务、DIY订单接纳、电话直销等各种方式与顾客保持互动。再次，戴尔拥有一套独创的科学管理直销团队的方法，能够确保其销售团队高效运转。

安利公司（Amway）也是一家以直销闻名的企业，不过和戴尔"按单生产"的模式不同，它采取的是"店铺+销售代表"式直销。其核心要素是：千方百计提高顾客和职员的满意度。戴尔直销则必须通过不断开发新产品，来满足顾客的不同需求。

截至1999年7月30日，戴尔公司的年销售额为217亿美元，市场份额位列全球第二，在全球范围内拥有雇员29300名，是成长最迅速的计算机公司。戴尔公司在美国名列第二，是在商业用户、政府机构、研究机构和个人消费市场均占据领先地位的个人计算机提供商。

然而，不得不承认的一点是，随着时代浪潮的风云变幻，戴尔独创而且一直坚守的直销模式，在全球角逐的竞赛中渐渐失去往日光辉。曾几何时，戴尔是令中外无数营销人士崇拜不已的特殊营销模式开创者，然而全新的竞争与格局，升级的时代与要求越来越高的客户，对戴尔提出更高的要求。如何能在新的挑战下胜出，是迈克尔·戴尔及其公司需要及时思考的。

戴尔的沉浮变化，不仅让人们看到了商海竞争中的惊涛骇浪、潮落潮涨，更让那些想要通过学习一种模式一劳永逸的大小企业领悟，在选择与坚守自己的营销模式的运作方面，如何汲取教训、做出决断。

第四节　iPad的冲击

> 一个市场有时很快发展，有时会向前
> 走两步再退一步，我们更关心整体发展的情
> 况。
>
> ——迈克尔·戴尔

　　无论迈克尔·戴尔的人生曾经怎样辉煌，过去的成绩也无法缓解如今他内心的焦虑，因为时至今日，人们会一遍又一遍地追问：为什么这家在传统PC领域表现卓著的公司，面对智能手机和平板电脑这些新兴领域，却表现得如此糟糕？

　　根据市场研究公司Gardner发布的报告显示，在美国市场上的PC厂商，戴尔仍然占据显著位置，然而曾经位列第三的苹果已经迎头赶上。从整体来看，由于近年来智能手机和平板电脑的爆炸式增长，PC的销售业绩受到很大限制，其中戴尔受创尤其严重。当戴尔的PC出货量遭遇重创，同比下降7.2%的时候，苹果则以同比增长21%的业绩，笑傲全球。虽然，PC业务一直以来是戴尔的核心业务，虽然迈克尔·戴尔并未计划退出这一传统领域，但是面对iPad的冲击，戴尔也表示希望推出能够与iPad相竞争的产品，具体细节尚未透露。

有一点可以肯定，戴尔需要新的合作伙伴，对此迈克尔·戴尔也并不讳言。虽然他并没有透露计划的具体细节，但是他承认，他心目中理想的合作伙伴是微软，因为市场上多数个人电脑使用的都是微软的系统。

虽然现在戴尔的PC与时下流行的iPad和Android系统平板电脑之间有着明显的不同，但是，迈克尔·戴尔预计，这种不同将随着时间的推移而逐步消失，他宣称："当下，平板电脑和笔记本之间有着一条明显的分界线；但在将来，这条分界线将变得模糊，你将会看到许多不同的设备有着相同的形状和尺寸。"

至于人们最关心的戴尔商业模式的变化，迈克尔·戴尔认为，公司不会背离PC的方向，因为毕竟，PC是戴尔最重要的业务，占据了戴尔全部营销的半壁江山，净利润的占比达到三分之一。迈克尔·戴尔表示，他将利用手中约160亿美元积极进行并购。最近，戴尔已经进行了9次并购活动，而且这种积极并购的步伐还将继续下去。

迈克尔·戴尔自重掌公司帅印以来，最坏的情况应该是遭到激进股东的"狙击"。尽管公司仍以他本人的名字命名，然而迈克尔·戴尔却依然冒着被驱逐的风险。有分析人士认为，这正是戴尔要开展私有化的真正原因。戴尔与银湖资本和微软合作，收购了一家现金充裕的公司，那么三方都皆大欢喜。迈克尔·戴尔能够实现自我保护，在分析师、投资者以及媒体的轮番轰炸与质询下仍然安然无恙。最重要的是，他保住了自己的公司。

虽然遭遇许多挫折与考验，迈克尔·戴尔依然干劲十足，年富力强的他完全有可能迎来自己人生和事业的二次辉煌。然而，想要在公开市场实现伟业也绝非易事，有那么多老牌对手、后起新手磨刀霍霍，戴尔必须要拿出一些崭新的创意才能重现当时的辉煌。

6年来，迈克尔·戴尔一直在寻找这样的创意。

第五节　"后PC时代"与中国市场

> 生活的情况越艰难，我越感到自己更坚强，甚而也更聪明。
>
> ——高尔基

厂家、产品、市场、服务、用户……把这一连串的词语放在一起你会发现，厂家最终的主旨归在"利益"，也就是通常我们所说的赚钱。戴尔认为，如果想要持久赚钱，就要静下心来分析市场，关心市场的整体情况，关注它的过去、现在以及未来。因此，既不可操之过急，也不能过于急功近利，因为在迈克尔·戴尔看来，市场的发展变幻莫测，有时可能发展很快，有时可能走两步退一步，所以，不能只着眼于一时一事，而必须关注市场整体的发展。具体到中国市场来说，迈克尔·戴尔决定加快进军中国市场的脚步，因为要进行长期的投资，就不能只关注人民币一时的涨跌，而应该注重市场的整体状况。

在戴尔的全球战略中，中国市场是一个特别的地方，近几年来越来越受到重视。戴尔认为，中国计算机市场不仅非常大，而且发展很快，这一现状对于任何一个公司来说，都是一个相当大的机会。因此，中国计算机市场作为全球市场中的重要一环，理应受到重视，戴尔公司应该抓住这个机会，去开创自己独有的方式来为中国客户提供价值，并且是以一种可持续的方式进行提供。

戴尔分析说，如此巨大的中国计算机市场潜能无限，这样大的一个市场，没有任何一家公司能够完全垄断、全部占据。因此，想要在中国市场有所作为，寻找恰当的合作伙伴就显得十分重要，一定要有合作，才能保障这个市场被充分挖掘。

　　那么，戴尔会不会把他最著名的直销模式带到中国呢？对此，迈克尔·戴尔这样说："在中国实现直销是非常好的，利润率提前实现了。在全球来讲，与客户直接建立关系的理念是有价值的，也是行之有效的，在任何地方都是放之四海而皆准的，我们现在要与中国的软件公司和服务公司进行合作，提供产品的增值。"

　　迈克尔·戴尔认为，当社会进入"后PC时代"，PC也与以往不同，所有人们喜爱的装置都和PC连接在一起。他指出，把后PC厂家丢弃的事情拿过来，这对于戴尔来说是一个机会。

　　竞争，不仅会使真正有实力的各个厂家受益，也会让客户得到更加优质、更具性价比的产品。在竞争激烈的市场中，戴尔的目标指向绝对不只是分一杯羹而已，他的雄心壮志才刚刚开始。

第六节　"软件为先"的战略

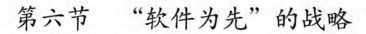

没有创新，就不可能有合理的、尤其是有效的管理。

——阿法纳西耶夫

近年来，随着平板电脑和智能手机的广泛使用，传统个人电脑市场受到多面夹击，日渐萎缩。个人电脑的销量在全球处于持续下滑状态，大环境如此，戴尔公司自然也难逃窘境，公司曾经拥有的辉煌已成为往昔记忆、风光不再。

面对的PC市场的运行现状，如果迟迟不能给出合理的解决方案，作为华尔街宠儿的戴尔将会越来越不为投资人所钟爱，最终去向何方尚未可知。

迈克尔·戴尔当然不会默然面对这样的局面，沉默可不是解决问题的好办法。百般思索之后，他似乎找到了一剂良方，那就是"软件为先"战略。在软件方面下工夫，这到底能不能成为公司未来的出路呢？

毫无疑问，戴尔公司在软件方面拥有广泛的产品优势，因为公司几年来收购了多项软件，再加上一些企业技术，戴尔希望能借助这些优势条件把自己打造成一家"迷你IBM"公司，并借此提高产品的利润率，以期获得更加广阔的发展空间。

戴尔此前曾在旧金山举行了一次高管会议，专门讨论戴尔所有的软件与技术服务整合事宜。在会议上，戴尔的高层管理人员提出许多言论，比如，有的人员对能够帮助企业管理而被员工带回家用于工作的智能手机、平板电脑等个人设备的软件进行了探讨。主管软件部门的约翰·斯文森（John Swainson）则提出"催化剂"的说法，他认为，软件是"整合公司硬件部门和新型信息服务产品的催化剂"。

在IT业，约翰·斯文森可不是无名小卒，他曾为IBM工作，后加入CA公司，当CA公司身陷会计丑闻时，是他全力运作，帮助公司摆脱负面影响并恢复元气。2009年末，约翰·斯文森告别CA，不久便接受了迈克尔·戴尔的邀请并加入其团队，他的新任务是帮助戴尔从头打造软件业务。几乎没有多加考虑，斯文森就答应了戴尔。因为对他来说，这是一项新的挑战，肯定会有许多困难在前方等着他，但是他无法预知是什么困难，这令他感到兴奋、刺激。

在他就任新职一段时间以后，斯文森接受媒体采访，谈到戴尔的转型，媒体问斯文森，在戴尔为成为优秀的软件服务公司而努力的过程中，有什么地方令人称道，约翰·斯文森回答："戴尔的转型速度。"

"我认为公司的转型远比人们想象的更快。"斯文森这样说。

戴尔表示，在未来的日子里，公司软件业务的年营业收入将达到15亿美元，然而"这个日子"具体要到什么时候，公司并没有透露具体细节。

经历了如许的艰难和思索，戴尔的经营策略发生了多少改变，它在酝酿怎样的发展模式，它的前途又将如何展开？作为曾经的PC行业巨头，戴尔路在何方，世界拭目以待。

第七节　私有化

若不团结，任何力量都是弱小的。

——拉封丹

迈克尔·戴尔从2004年离职到2007年回归，3年的时间，对很多人来说短暂得都不够做点什么事情，但是对于分秒即可发生变化的个人电脑行业来说，这3年的时光完全有可能让行业重新洗牌。

2007年，迈克尔·戴尔重回戴尔公司掌舵，然而，局面不仅没有因为迈克尔·戴尔的回归而迅速好转，相反，公司在PC市场的占有率一直呈现下滑趋势。

在武侠小说中，我们经常会看到这样的情节，当江湖中某位赫赫有名的大侠武功达到一定境界时，如果他想要寻找突破，就会选择闭关修炼。出关之日，也是境界更上一层楼之时。此情此景，正如身处那个时候的迈克尔·戴尔——已经具备相当功力，想要突破现有格局。

迈克尔·戴尔把目光投向了微软和银湖，集结它们成为投资伙伴，并贷款150亿美元，以244亿美元的高价买断戴尔计算机公司。华尔街灯火辉煌，戴尔却选择了灭灯下市，把戴尔公司私有化。

当然，一项高达数百亿美元的交易，绝非迈克尔·戴尔一个人可以做到，他需要伙伴，可是他理想的伙伴——微软和私募股权投资公司银湖资本（Silver Lake），却并不是那么容易被说服的。不过，这件事是掌握在拥有数十亿美元身家的迈克尔·戴尔手里，在三方的努力下，终于达成了戴尔公司的私有化交易。

在迈克尔·戴尔看来，戴尔公司的私有化交易使得公司的发展翻开了新的篇章，对于公司的未来，他的喜悦溢于言表、难以掩饰。另外，尽管投资者和戴尔本人都对该公司私有化的目的讳莫如深，有一些分析师却分析认为，迈克尔·戴尔是一个行事鲁莽、性格好斗、土生土长的得克萨斯州人，他的此番举动可能是表达了他希望重新塑造自己拥有卓越远见CEO形象的强烈诉求。因为戴尔的确是一个敢想敢干的人，恰恰是通过创始人之手，使得戴尔一路发展，跃居全球PC产业的领导型企业的地位的。

面对历历在目的昨日辉煌，戴尔不想也不能沉浸于过去，他需要创造新的辉煌。投资咨询机构Discern Inc.执行董事兼研究分析师辛迪·肖（Cindy Shaw）说，如今的迈克尔·戴尔，就像30年前他刚刚创业时一样如饥似渴。不同的是，那时他渴望成功，渴望财富，现在他渴望重振雄风，渴望带领戴尔重现往日辉煌。

实际上，迈克尔·戴尔寻求私有化，并非一时兴起。早在2010年6月，迈克尔·戴尔就曾考虑过这一选择。如今，戴尔正式宣布进行私有化，他希望能够集中精力发展高利润的企业IT和服务业务，并以此来实现自身财富的增值。此外，戴尔本人也希望借此来摆脱管理公开上市公司的种种烦恼。

那么，私有化是否可以作为利器，帮助依靠为消费者定制PC起家、往日星光已然褪去的戴尔公司重整旗鼓呢？戴尔又有多少把握能够突破包括惠普和IBM在内的大型科技公司的重重包围呢？有专业投资机构的分析师指出，对于迈克尔·戴尔

来说，这是一个机会，他可以更加灵活地管理公司，不过，戴尔仍然面临着严峻的挑战。

"哥们，你得买台戴尔电脑！"（Dude，you're getting a Dell.）21世纪初，这句戴尔的广告语成为了风靡全球的话。不过短短十几年，这句话已湮没在IT业风起云涌的竞争中。

善于经营的迈克尔·戴尔，与他亲自创办的戴尔公司共同成长、获取成功。当然，聪明的戴尔不可能仅仅止步于电脑行业。私募投资公司MSD Capital就是一个例子。迈克尔·戴尔在创业早期所获取的成功为他积累了大量财富。之后，他开始创立MSD Capital投资公司。这一公司目前在美国的三个城市拥有共80位员工，其投资领域十分广泛，可以说从股票到房地产无所不包。迈克尔·戴尔的个人资产近160亿美元，这使他轻松跻身《福布斯》杂志评出的全球50大富翁排行榜。

如今，人们提起戴尔产品，就会想到他的创始人迈克尔·戴尔。戴尔本人与戴尔公司早已是注定的缘分，甚至不可分割。虽然他曾经在2004年将公司的帅印交给了凯文·罗林斯（Kevin Rollins），但是，当接下来的三年中戴尔公司的营收和消费者服务业务连续出现大幅下跌，再难见到之前的佳绩时，他又毅然重出江湖，全力挽回消费者的信任，消除投资者的担忧。

然而，即便是在迈克尔·戴尔重执帅印、获得公司领导权之后的6年里，戴尔的市场份额仍一再下滑，股值也大幅缩水。除了外部环境因素，戴尔公司自身也存在一些问题。近年来，PC需求持续疲软，这是全世界IT业都面对的问题，不过，因为戴尔的营销重点就是PC和服务器业务，其超过50%的营业收入均来自于此，所以，戴尔公司与整个PC产业都身处水深火热之中，市场的萎缩导致竞争异常惨烈。另外，迈克尔·戴尔的盲目自信，还令他与行业内的几位高管都结下了梁子，他与苹果创始人史蒂夫·乔布斯（Steve Jobs）的恩恩怨怨就是最著名的例子。

1997年，乔布斯重新执掌苹果时，迈克尔·戴尔曾嘲笑乔布斯说：不如让苹果倒闭，把现金返还给股东。然而风水轮流转，9年后的苹果市值已然反超戴尔，志得意满的乔布斯也大肆嘲讽了戴尔一番。就目前的形势来看，尽管苹果的股价近期也出现了下跌趋势，但苹果的市值仍远远高于戴尔。

如今，在选择进行私有化的背景下，戴尔能否力挽狂澜，挽救略显疲惫的局势，主要取决于他未来的合作伙伴对那项耗资巨大的振兴计划能否给予足够的支持。就目前已知的状况而言，微软已经为戴尔私有化提供了20亿美元贷款。戴尔的前路如何，值得大家共同期待！

第八节　互联网应用

> 网络将成为主流，而我们必须在网络上
> 得胜。
>
> ——迈克尔·戴尔

　　迈克尔·戴尔开始注意到电脑这种新鲜事物时，它还刚刚处于起步阶段。那时候，只要是美国居民，只要他安装了调制解调器，就能够在网上与人交流。"美国热线"和当今发达的网络世界，都是从那时发展至今的结果。

　　那个时候，戴尔就相信，因特网的使用可能会让电脑行业发生彻底转变！

　　到了20世纪90年代初期，虽然电脑技术有所发展，但是电子网络却不像今天这样普及，只有大学和政府系统有比较完善的电子网络，不过也只是以互相传递信息为主。那时候，电子商务还是一个新鲜事物，网络交易也仅仅是像订购T恤这类简单的事情。不过，即便是这样，目光敏锐的迈克尔·戴尔还是从中受到启发，他想，如果T恤可以在网上订购，那么其他东西也一样可以，包括电脑。

如果往更长远的方向去想想就会发现，这样的网络交易要先有电脑作为平台才能办到。网络交易的前景如此广阔，那么网络交易赖以存在的电脑这个平台的前景也会是无限的，再也没有其他更有力的发明可以如此有利于拓展市场了。

除了兴奋，戴尔公司的确开展过一些切实的举动。戴尔公司曾于20世纪80年代末期讨论过要开发一个系统，通过这个系统为消费者搭建一个平台，让他们能通过这个平台下订单，自主选择个人电脑的规格、型号、配置等。

今天看来，这个想法在当时是十分超前和大胆的。然而戴尔公司考虑之后的结论是：在当时的情况下，这样做难度太大，也需要大笔的资金。因为当时人们使用不同的软件平台，而各个软件平台都有不同版本的程序支持，要让它们统一在一个平台上，这太耗费人力和物力。

1989年，伯纳斯·李创造并推出了"万维网"（www），这样一个超文字系统的普及，简化了使用者与网络之间的界面。万维网能够在购买及使用电脑时立即提供所需要的相关信息，无论使用哪种软件平台，用户使用起来都能便捷实用。更重要的是，万维网的出现让一大批对电脑有兴趣的人受到吸引，而这些人正是戴尔公司的主要顾客群体，毫无疑问，他们将是最先上网的人。

1983年，一种以全新的方式利用网络的马赛克浏览器问世，这种浏览器由安德利森等人发明，通过它，人们能够比较便捷地在网络上分享、交换信息。网络因此受到更广大的消费者群体的注意。

虽然浏览器规模很大，但究其实质，它可以被看作是在早期电子布告栏的基础上衍生出来的。不过，与电子布告栏相比，它的使用更为便捷，用户只要打开电脑，进入浏览器提供的标准界面，就可以上网冲浪，了解天下大事。

业界的动态自然逃不过迈克尔·戴尔的眼睛，尤其是马赛克浏览器的问世，让他十分欣喜，他决定紧跟潮流，立即上网。

众所周知，戴尔公司成立于20世纪80年代初。时代瞬息万变，到了80年代末，戴尔公司的技术人员就开始架设FTP来传送档案了。这当然十分便捷，可普及性不高，通过类似戴尔公司的FTP服务器去下载所需要的某些档案，这是那些可以上网的政府组织或大学的会员，才能够享受到的方便。

万维网问世以后，虽然上面的网站为用户提供了一定方便，但许多业内人士认为，它能够发挥的功能不应该仅仅如此。那时，许多公司开始探究万维网的虚实，然而它们却不知道应该如何开发利用这项技术。好多公司虽然拥有自己的网页，然而这些网页在多数情况下只是以静态的方式存在，例如公告公司的年度报告、发布新闻稿以及公司一些营销资料。对大多数人而言，网络的作用仅仅停留在一种信息媒介，或者服务于那些个人电脑拥有者且深知网络优点的人，他们能够借助网络获取大量的娱乐信息与增值服务。

随着时间的发展，浏览器和服务器的技术安全性在不断提高，为电子商务的发展提供了更大的空间，与此同时，消费者网上交易的需求也与日益增多。那时候，全世界范围的产业观察家都预言电子商务将一路高歌，突飞猛进。甚至有人预计，到2002年，仅仅是厂商之间的网络交易，其交易金额就将达到每年300亿美元。

在一些具有远见卓识的人眼里，网络很可能是品牌销售的绝佳商机，更意味着一个充满商业潜力的处女地。1994年6月，戴尔公司的网站正式上线，网站包含诸多内容，比如信息交流，电子邮件信箱等，主要面对掌握一定电脑技术的群体，因为这些人能比较快速地接受新知识、新技术。

推出自己网站的第二年，戴尔又开始了新的动作——推出在线组装。消费者进入戴尔网站，可以自主选择喜欢的电脑配置。首先，选择一套系统，然后根据自己的个性化需求，在这个系统中添加或删除某些零部件，比如存储器、磁盘驱动器、扬声器、调制解调器、网卡、显卡等。不仅如此，用户还能马上知道这套系统的价格。试想，那时顾客还必须与业务代表通话才能完成交易，然而这一动作已经让他们稍稍尝到电子直销的甜头了。

即便早有心理准备，但网络传播的速度还是令戴尔大吃一惊。尤其是当3M公司的信息总裁告诉戴尔很喜欢他的网站，戴尔更是欣喜莫名，同时信心百倍地要在网络上创造新的辉煌。

一直以来，直销就是戴尔引以为傲的销售模式，如今在线的直接销售成为其另一个可供拓展的天地。戴尔认为，应该扩大网站的功能，把在线销售变为现实。他在一次董事会会议上坚定地表示："网络可以进行低成本、一对一而且高品质的顾客互动，在线销售最终会彻底改变戴尔公司做生意的基本方式。"

果然不出所料，网络为直销模式的运用延伸出更加广阔的空间，创造出企业与顾客之间更紧密的联系。传统的电话、传真及面对面接触将被网络取代，网络会以更快捷、更经济有效的方式，为顾客提供更加全面的信息。那么，互联网的应用为戴尔公司带来什么样的影响与变动呢？

首先，网络给戴尔公司带来许多显见的好处。因为，它不仅适用于戴尔公司所有的顾客群，还能够成为进一步确认、锁定不同细分市场的有效工具；同时，网络还使得公司可供交流服务的范围更加广大，可以超越美国而遍及世界；而且实行网

电脑世界的佼佼者戴尔

和创造世界名牌的人

一起放飞梦想

Let the dream fly

140

上交易，一名销售人员可以在线同时服务多名顾客，公司无需大幅增员，也能达到增加销量的目的。

其次，网络可以有效地加速信息流通，不仅使公司降低了成本，还让顾客享受更多实惠。一个明显的例子就是，以前戴尔公司要处理交易会涉及到订货状况、组装、价格等方方面面的细节，每个细节都涉及到成本。然而，应用网络之后，这些交易都可以在网上得到实现，几乎不用花费任何成本。现在，每天访问戴尔网站的人数已经超过200万人，然而无论是200万还是2000万人，其成本差距其实非常微小。

1996年，戴尔的网站增加了新业务：销售台式和笔记本式电脑。同年年底，添加了服务器业务。

没过多久，通过市场调查，戴尔又有新的发现：通过网络来购买电脑时，与一般个人消费者相比，企业顾客往往更加裹足不前。

一般来说，消费者来到网站，通过详细的了解决定购买电脑的配置并明白估价后，便会迫不及待地按下确认键，完成采购动作。因此，戴尔决定先把重点锁定在一般消费者身上。然后以此出发，做更多的调查研究，再找出接触企业市场的最佳方法。因为到目前为止，企业市场仍然是戴尔公司的最大市场。

这一次，戴尔并没有积极开展广告宣传。宣布进行在线销售之前，戴尔悄悄退出网站，他想确定自己的公司是否具备顺利执行的能力。事实上，成千上万的人已经来到戴尔的网站，那些具备科技概念的顾客尤其多。正因为这一点，他们决定在广告中添加网站的信息，让更多具备丰富电脑知识的消费者了解戴尔正在开展的电子商务。这一着棋的效果甚至超出了戴尔的预期，到1996年12月，戴尔公司已经达到每天约100万美元的销售额。

这一成就，让更多的人重拾对戴尔的关注。而这正是戴尔想要的，因为这样一来，就会有更多的人浏览戴尔网站，实现更多的网上交易，并且让戴尔成为此间的王者。在电子商务上占据霸主的地位，这是戴尔一直以来的一个奋斗目标。

在迈克尔·戴尔的理想中，网络商业就是和直接销售一样的商业模式。顾客来到戴尔的网站，选好自己最需要的配置以后，只要输入信用卡卡号，就可以完成网上订购。而当时到其他厂商的网址购买电脑，通常的模式是，提供离你最近的经销商的免费电话号码或是提供你所在地附近经销商的地址。

刚开展网络交易的时候，戴尔的顾客群体集中在个人消费者及小型企业上。大型企业虽然一直是支持戴尔发展的主要群体，然而，想要说服大型企业顾客通过网络订购就没那么容易了，他们会认为这样做是在突然改变之前的采购方式。通常情况下，许多大型顾客都有一套自己沿用多年的采购系统，忽然之间做出改动会让人不习惯，而且如何把信息从原来的系统转换到网络上也让他们不知所措。此外，网络上的信息安全性如何也成为不少人的顾虑。

对于大型公司来说，决定采购与真正去采购实际上不是一回事，因为这完全是由至少两个不同的部门来进行的。为了解决这个问题，戴尔专门建立了一个采购流程，能够分别处理同样一件事中的两个不同环节，解决了大型企业网络采购难的问题。

虽然戴尔在自己的平台上解决了大型公司采购的难题，不过，要想推动不在自己权力范围内的其他机构接受变革，其难度可想而知。不过，戴尔始终对互联网销售充满信心，他认为，将来的互联网会像当时的电话一样，成为人们交流最方便快捷的工具。戴尔公司的任务，就是让消费者尽快了解电子商务的好处，让他们尝到甜头，然后自然而然地接受这一模式。

在这一点上，戴尔公司的销售代表们发挥了巨大的作用。他们总是通过询问，耐心引导顾客。"您如何购买戴尔的产品？"用这样一句简单的问话，引出对电子商务的介绍，于是顾客知道了，在线订购不仅简单，出错少，还可以追踪订单的进度。因为通过一个渠道而非传统的三个渠道完成订购，在线交易无疑会有更高的效率。而这里所说的一个渠道，就是"戴尔顶级网页"。

　　毫无疑问，这个网页是经过特殊设计的。在这个网页上，每个员工不仅可以获得密码保护，还能够获得专为他们提供的产品和服务信息。同时，消费者可以在线上选择电脑、估算价格，以双方议定的价格购买。不仅如此，消费者还可以看到详细的顾客采购表，上面有产品类别、平均单价、总价等信息，并以此查看库存情况，追踪商品进度。例如，你想查看自己订购的电脑是否已经装配、发货，何时到达，这些都可以在网页上完成。此外，只要消费者需要，他们还可以得到戴尔公司从销售、服务到技术支援等各个部门的小组成员的联络资料。与此同时，公司还扩大了对在线资产管理的规模。现在，如果顾客想知道自己的系统契约何时到期，电脑是否该升级，诸如此类的问题都可以在网页上查明。

　　当然，顶级网页虽然操作便捷，但却不能完全取代销售代表的工作，不过在它的帮助下，销售代表的作用显得更加强大了。

第九节　汲取因特网的活水

> 抢先把最好的概念呈现出来，其价值在
> 此。等到你是第28个提出网站的人，届时即
> 使再好的概念也没有用了。
>
> ——迈克尔·戴尔

对于企业来说，服务器网站的重要性不言而喻，它能够为销售小组提供一套非常有力的工具，这样他们无论在哪里都能够及时得到资料，从而顺利开展业务。网址内的资料不仅整理完备、随时更新，并且存放于网络上，方便其随时获得。

随着因特网和公司内部网络的普及，无论是给公司还是给顾客，都带来许多方便。对公司来说，网络的运用不仅节省了时间，也减少了之前需要耗时传递的纸张文件。现在，人们已经能够熟练地运用电子邮件，通过因特网或内部网络的地址轻松获取信息。对此迈克尔·戴尔就深有感触，以往他得等一个星期才能拿到一次业绩报告，现在只要他上网，立

刻就能看到。

我们知道，无论哪个销售组织想要对公司所有产品了解透彻，深入地知晓其广度与深度都是一件不容易的事。然而网络的出现却改变了这一状况，因为在网上实现对产品的描述和解释会比较容易，而且这些信息还能根据实际需要的变动而时常更新，这样，销售人员在使用时网络信息就能成为最现实得力的参考。例如，如果公司在几个月内会有新产品问世，通过网络就能将资料信息迅速地提供给销售和支援小组的人员。互联网的方便快捷，足以取代以往通过口耳相传等人力途径来传递信息的方式。

使用者如果想了解戴尔产品的功能与属性，也可以通过戴尔公司网络上刊载的技术文件、新科技内容以及一系列的机器组装图来达成目的。这些分门别类、合理的栏目设置可以让使用者对戴尔产品一目了然，而传统的手册或其他非互动式的信息方式想要达到这种效果则并不容易。

另外，一方面，顾客能够通过网络知道所有想知道的细节；另一方面，公司能够以此确定顾客已经看过哪些资料。在网络世界里，公司还能统计到上网的人数，从而很精确地知道哪些资料是顾客认为有价值的。比如，在实际的生活中，如果公司想知道哪个广告引起的反响最大，可以通过为某些广告设计免费电话，再通过对打来电话次数的统计来预测销售。而在

和创造世界名牌的人

一起放飞梦想

Let the dream fly

网络上实践起来则更加方便，你可以在给顾客提供商品的两个小时之内就知道该产品会不会成功。甚至，只要你稍微改造产品，就可以立即比较不同产品的结果，然后再把重点转移到似乎最成功的一项……这一切，几乎在几分钟之内就能达成。这样，在网络上进行调研不仅成本会明显下降，修正错误也几乎不需要任何成本。

当迈克尔·戴尔决定利用网络来进行销售的时候，他为自己提出三个目标：简化过程，降低成本，巩固关系。

在网络交易已成为商业主流模式的当下，戴尔的这些目标基本达到。有资料显示，到1996年为止，175家全球500强企业开通了自己的网站；到1997年底，这个数字翻了两倍多。其中戴尔公司的表现十分突出，它在网络上的销售额每天超过1200万美元。

但是，对戴尔公司而言，在线交易还仅仅是一个开始。在戴尔看来，网络是公司信息工种策略的核心部分，因此要开始以新的眼光去看待信息的拥有权。这些年，戴尔并没有死守其经过多年才研发出来的信息资料库，而是通过运用网络浏览器来与顾客、供应商分享这些信息，并把他们囊括在自己的企业之内。这也就是戴尔那个著名的理论"虚拟整合性组织"的关键。

所谓"虚拟"，是因为这种组合没有实际的资产合并，只

是通过网络进行各公司之间信息的交换，从而尽可能模糊它们之间的界限。在迈克尔·戴尔看来，这种整合将成为未来必然的趋势。

正是基于这样的认识，戴尔提出新的战略，如快速上市，提供优秀的服务，以及提供高品质且符合消费者个人需求的电脑产品等。随着公司发展思路的演变，戴尔的策略也愈来愈活泼。一旦摆脱了中间人，做到直接提供产品和服务给顾客之后，戴尔就开始把眼光放在如何巩固业已与供应商建立起的关系，以及如何减少管理库存的步骤、改进商品给顾客的成本与产品上市的优势上。谁能想到，曾经极为有效的电话销售，会随着被戴尔开发出的无限的网络潜力而退出历史呢？

从此，戴尔公司打破了"超级成长不能维持长久"的魔咒，它保持着高速成长达15年之久。需要备注的是，戴尔的这种成就还是持续以高于产业5倍的速度成长。

当然，这些成就的取得与迈克尔·戴尔清晰的头脑以及敏锐的眼光密不可分。他清楚地认识到，公司虽然靠台式电脑的销售赚取了可观的利润，但是到了一定阶段以后，随着台式电脑在市场上渐趋饱和，其增长速度一定会放缓。也就是说，对于戴尔公司来说，必须寻找新的利润增长点，否则企业的发展将难以持续。在迈克尔·戴尔的带领下，戴尔公司不断开拓新的业务领域，例如研发设计新产品，推出新的服务器及工作站

等；同时扩大戴尔公司的业务版图，如将公司的经营拓展到中国。这一系列的动作，让戴尔在过去6年里一直维持着50%以上的年增长率。

互联网的运用和普及，极大地改变了世界，对于一些企业来说，互联网为它们的发展插上了腾飞的翅膀；对于整个商业格局而言，互联网的运用促进了传统商业模式的转变，以信息资产为中心的虚拟整合取代了依赖实体资产并购的垂直整合。以往采用垂直整合传统模式的公司，要与顾客和供应商建立起信息伙伴关系，从而能够享受紧密协调的供应链管理所带来的好处。戴尔则采用虚拟整合来保持其发展的速度和弹性，坚持把重心放在其核心专长上。

20世纪的商业面貌因互联网的出现而发生了彻底的改变。现在，拥有带宽更大的网络，价格也更低廉，从而大幅降低了电脑动作的成本。这些发展与变化，将会撼动原来整个世界运作的方式。其中包括经济运作的速度、取得利润的方法。此外，教育、政府管理以及人们日常生活的方式，也会发生改变。

在网络时代，过去被人们所看重的东西一下子变得不再重要，比如说，库存价值、实体资产，这些分别被无形的信息价值、智慧资产所取代。即便是一家规模不起眼的小公司，电脑也是必备的办公用品，只要来到互联网上，它的营运工具和大企业一模一样。无论是大企业也好，小公司也罢，在开展业务

的过程中，它们的地位是相等的。

迈克尔·戴尔十分看重网络的商业价值，在他看来，把网络作为销售的一个主要渠道，这不过开发了其价值的极小一部分。戴尔相信，网络的真正潜力，还远远没有被开发出来，其真正的实力就在于促使传统的"供应商——厂商——顾客"的关系链发生转型。

互联网让人人有平等竞争的机会。它的使用不怀任何歧视，无论是那些大企业，还是那些已经获利的行业，即使是众多的中小公司，都能从中获取便捷，能够从同行业的老大手中掠取一定的市场占有率。

众所周知，从火车到航空运输，在运输领域实现转型往往要花费几十年的时间，速度较慢；戴尔则推定，接下来的一股全新的产业快速转型浪潮将会以很快的速度实现。在这股浪潮中，新兴高效的公司将向传统公司发出挑战。按照网络成本效益的发展来推测，市场占有率不仅不会流向最大或最富有的公司，反而会遵循另外的规律向最有效率的公司倾斜，因为这些公司能为顾客提供最大价值。同时，与传统模式相比，他们还能用非常少的资产赢得厚利。在未来的日子里，他们将会用信息资产来取代实体资产，这样，其资本生产力就会得到大幅改进。

信息的超高速移动，将会让系统以更简单、更有效率的方

和创造世界名牌的人

一起放飞梦想

Let the dream fly

式运行，诸如"我们的预测正确吗""我们的赌注下对了吗"这样的问题，将不会再次出现。这样的结果就是，如果这些公司进入了较大的市场，他们将会比传统公司更容易取得较大规模，也能在很长时间内保持高速成长。

也许这种状况不会马上就出现在所有的企业中，然而总有一天会发生。没有人能够确定，一旦所有企业都出现这些改变后，世界将会是什么模样。不过，我们可以看看戴尔公司和亚马逊网络书店。这两家公司很早就与网络结缘、联手，现在他们都形成了新的成本结构和效率层次，其在业内已经攻下了新的版图。

把握时局、掌握局势并作出迅速调整的公司，将会有意外的收获：其成长态势也将超过该产业的正常状态，每年的销售额和纯利至少能够在相当的一段时间维持30%递增——这就是超级成长。戴尔相信，这样的结果只能是在网络式经济中才会得以实现。

"培养亲近关系，必获利"，是戴尔基于其多年与供应商及客户打交道而总结出来的经验。他认为，如果想要降低成本，并且更进一步加快产品上市的速度，那么绝佳的办法就是要与供应商建立较紧密的关系。同时还要注意，要把投入资本回报率（ROIC）这个衡量标准加以推广利用，用于每一个零部件和每一位供应商。

通过测算戴尔发现，选择离自己更近的供应商，其投资回报率高于那些距离较远的厂商。这个道理说出来并不稀奇，因为如果供应商和戴尔之间距离较近，那么首先运输成本将会降低。其次，按照规律，相同零部件的价值每周平均会下降0.5到1个百分点，因此，与供应商建立亲密的关系，就能够以较快的速度获得产品，而且零部件成本一旦降低，无论是生产商还是消费者都比较容易从中得到好处。有地区性供应商曾经接到戴尔的如下说明：

"戴尔有全球性的业务，也希望你们能成为全球性的供应商，供货给戴尔全世界的工厂。但要做到这样，你们必须发展出足以服务全球戴尔公司的产能。"

果然，有一家原本在爱尔兰与戴尔合作的厂商，当他们得到消息称戴尔将在马来西亚建立一个制造中心时，便追随着戴尔的脚步，在马来西亚的戴尔的工厂旁同时设立了一个工厂。后来，这家厂商又追随戴尔来到中国，在戴尔中国的工厂附近又开了一家工厂。最近，戴尔决定要拓展其在得克萨斯州的业务项目，这家公司又不失时机地在当地新建了一个工厂。

从这件事情中我们可以看出，一旦与全球性的供应商开展合作，那么原本由于不同国家或地区的地域差异而产生的对服务和品质的期待不同所造成的不一致，就会大为改善、大幅消失。这与每到一处就要寻找新的供应商相比，无疑简单省事了许多，也能够在一定程度上保持产品价格的稳定，让消费者从中得到实惠。

我们知道，戴尔采取的是按照顾客的订单装配生产的方式，因此一般来说，戴尔的库存量不多，有时候只有几天的存货量，有时候甚至只有几小时的存货量。这样一来，就要求戴尔必须经常与供应商保持沟通，以便供应商及时了解戴尔的存货量以及补货的需求。订单比较多的时候，戴尔与一些厂商几个小时就要联系一次，以便他们及时准确地了解戴尔的需求。

作为一家时刻关注顾客需求的企业，戴尔非常注重与顾客建立紧密的联系，戴尔经常把从顾客那里收集整理的信息与供应商分享，这样一来，供应商就能了解顾客的真正需求。在戴尔看来，如果能够与供应商结为科技合作伙伴，并且能对他们的设计提供有价值的意见与建议，那么，双方就能建立起强而有力的关系。如果想达到以上目标，具体需要注意的细节有五点：

第一，与决策者直接沟通。

第二，反转供需的模式。

第三，立即思考。

第四，研究开发经费要用得其所。

第五，连上因特网。

很多人认为，戴尔所从事的就是普通的电子商务，然而事

实远非如此。戴尔通过网络来提供内部发展所需要的种种技术支援工具。通常情况下，只要顾客有服务的需求，那么他们就能在戴尔的系统中得到相关信息。例如，有顾客希望了解他们的订单现在处于哪种状态，那么他们就可以直接与产品制造部门取得联系，从而获知具体情况。此外，通过访问戴尔的"超级网页"，他们还能确切知道产品的物流信息，比如，产品是否已经寄出，何时寄到自己的手中等。

为了帮助顾客解决电脑使用中的一些常见问题，戴尔公司还在自己的网站上增加了一项诊断功能，这种通过互动方式为顾客答疑解惑的强大功能，包含了数百种解决问题的方法，基本上能够满足顾客的一般需求，而且操作起来也很方便，因此戴尔的顾客逐渐开始接受这种网上求助的方式，电话求援的顾客越来越少。这既帮助顾客节省了时间、金钱，也让戴尔减少了人力物力支出，让戴尔的技术人员能够投入到较高价值的工作上。因为据测算，每五次网上服务的成本相当于一次电话服务的成本，而每少通一次电话，戴尔公司就能节省平均约8美元的费用支出。

在尽可能保证品质的前提下，有效地缩减服务顾客所需要的时间与资源，这就是关键。过去，戴尔更多采取的是与顾客面对面的沟通方式，而随着互联网的普及，包括戴尔在内，越来越多的企业开始选择通过自己的网站与顾客进行网络沟通。

Michael Dell

第七章　戴尔品牌在中国

Michael Dell

第一节　戴尔品牌在中国

> 未来，中国会是戴尔在世界范围内业务
> 扩展的中心。
>
> ——迈克尔·戴尔

现代社会中，全球化已经成为一种世界发展的趋势。在全球的经济格局中，亚洲是非常活跃的一个地区，而中国这些年来的发展尤为突出，有目共睹。戴尔公司是一家从美国发展起来的企业，随着公司的不断壮大，戴尔的发展策略也紧跟时代步伐，开始向世界迈进。上世纪80年代，戴尔的分公司、办事处就开到了美国本土以外的英国、加拿大、德国、法国、瑞士、爱尔兰及欧洲的许多国家。到了1991年3月，戴尔还在爱尔兰成立了欧洲制造中心。

作为世界知名品牌，戴尔在中国同样受到消费者的追捧。迈克尔·戴尔本人在接受记者采访时就不无骄傲地表示："如果专门看一下中国的消费者业务，你会发现，戴尔的增幅超过了100%。"戴尔在中国市场上受到了热烈的欢迎，因此，迈克

尔·戴尔在2007年重掌戴尔以后，多次访问中国，以表达他对中国市场的重视。当2008年迈克尔·戴尔再一次来到中国的时候，他手下的员工们甚至开玩笑说，这一年他们的主要任务就是接待老板，陪着他去看各地的戴尔门店。

无论是像国美这样的中国本地的企业，还是像沃尔玛这种世界级大佬，只要是销售戴尔产品的零售卖场，都是迈克尔·戴尔视察的对象。而中国市场的广阔前景、发展速度，中国消费者的购买力及对戴尔品牌的认可程度，都给他留下了深刻的印象。

那么，戴尔与中国的联系如何，是什么时候建立的呢？

中国市场是戴尔战略布局的一个重要节点，在中国市场上能否占有较大份额，对于戴尔的发展意义重大。不妨以2003年第4季度为例：服务器出货量在中国市场位居第二位，占市场份额24.1%。据IDC公司的市场调研报告显示，2003年第4季度，戴尔PC在中国的出货量达到了7.3%的总体份额，在PC市场位居第三。

这些数据都显示出，戴尔在亚太乃至全球业务中，将中国市场放置于一个特殊的位置，中国在戴尔的全球战略中具有的独特地位。

时间回溯到1998年8月，戴尔中国客户中心（CCC）刚刚开始运营，当时的厂房还是租来的。直到2000年11月，戴尔公

司才正式入驻福建省厦门市，开始了持续经营，并建立了自己的厂房，总占地面积为32500平方米。新的中国客户中心为戴尔带来新的进步与飞跃，服务器的日产量为原有客户服务中心的2倍，笔记本和台式机的日产量更是达到原来的3倍，并于2001年3月获得ISO9001（2000版）和ISO14001认证。2002年9月，戴尔厦门工厂获得了OHSAS18001职业安全与健康管理认证，成为戴尔在全球范围内首个获得认证的工厂。

可以说，戴尔中国客户中心不仅极具规模，而且在短短几年内发展得极为迅速，为中国用户提供了综合销售和生产设施，以及全方位的服务和技术支持。

2002年7月，戴尔中国设计中心（CDC）落户上海。设计中心从事与计算机相关的设计工作，其目的在于促进新的系统平台、外围设备、软件和服务产品的研制，来满足特定客户的需要及市场要求。值得一提的是，戴尔中国设计中心加强了台式机的设计与研发。

2002年年底，戴尔国际服务（中国）中心在大连正式投入运营。该中心的建立，不仅能为消费者提供更高效的服务，而且极大地促进了戴尔的业务增长。

除此之外，为了提高全球采购效率，戴尔还在上海、深圳以及中国香港、台湾等地建立了国际采购网点，与戴尔的供应商在中国也建立了紧密的合作伙伴关系。戴尔在中国的采购不

仅品种多，而且数量大，仅2003年一年，戴尔的采购量已达到约80亿美金。

目前，戴尔已经在中国的258个城市中设立了720条免费热线。中国消费者可以通过拨打这些免费热线，直接向销售代表提出自己对电脑配置和软件的要求。除了电话订购以外，消费者客户也可以直接通过互联网，在戴尔的网站购买个人电脑、笔记本电脑或服务器产品。现在，戴尔的服务和技术网络已经覆盖中国1923个城市，可以为中国消费者提供现场服务和技术支持。

从美国的一间大学宿舍，走向城市、走向全国，再到英国、辐射欧洲，登陆亚洲、来到中国……戴尔的全球战略正在徐徐展开。其间，它的生产方式、它的产品类型、它的营销策略或许在适应当地用户的过程中存在过一些问题和障碍，戴尔也遇到了诸如IMB、苹果、惠普等前仆后继的竞争对手，然而公司与戴尔本人，都一步一个脚印地走了下来。

成功，或许就是一颗闪烁在天边的明星，或许现在它还很遥远，但它依然光彩夺目。任何有想法、有干劲的人只要深怀一颗"心向往之"的决心，通过自己一步步的不懈努力，就会无限接近梦想，迈向成功。

第二节　来中国入乡随俗

> 经验是真知与灼见之母，因而它的一切
> 举止都是明智而又坚定的。

> ——欧文

从厦门的戴尔制造中心，到上海的戴尔全球采购中心，再到大连的戴尔国际服务中心，戴尔对中国市场的青睐可见一斑。如今，戴尔的服务中心又举起"戴尔咨询"的大旗，成为戴尔目前全球唯一一家冠以咨询品牌的服务团队。而谈及这家服务团队的目标，一位戴尔公司的员工表示，"戴尔咨询"将为满足中国企业的多样需求而提供端对端的解决方案，无论是政府信息化，还是能源、金融产业，抑或是制造业与零售、医疗保健等服务行业，都是"戴尔咨询"服务的对象。

从纯粹商业的角度来说，每一种营销模式，都有其发生、发展、鼎盛直至衰退的过程，就像任何产品都有它的市场寿命一样，曾为戴尔带来辉煌的直销模式也不例外。当它走入消费者群体的时候，从最初的被怀疑，经过慢慢发展，到被接

161

受、受到欢迎，再到发挥出最大的作用，为戴尔带来丰厚的利润，达到全盛期；其后，无论情愿与否，随着消费者求变的心理，以及其他一些市场因素的影响，它慢慢进入衰退期，带给企业的利润下降，再下降，直到最后，亏损变成了不可避免的结局。

进入中国市场的最初几年，戴尔在中国的PC销售增长率一直稳步增长，直到2005年下半年，情况开始出现逆转。据国际市场研究公司IDC于2005年公布的PC销售数据显示，第三季度戴尔在中国市场上的份额为8.2%，而第二季度则为9.6%。

这是戴尔一家的状况，还是整个电脑市场环境如此？

遗憾的是，数据显示，是戴尔自身遇到了问题。同一年，数家电脑厂商在第三季度的市场份额均有所上升。同样是IDC发布的数据显示，中国市场PC销量2005年第三季度同比增长21%，其中，联想这一季度的市场份额为34.5%，其同年第二季度的市场份额为33.8%，略有增长；方正第三季度市场份额为12.7%，比第二季度的12.1%有所增长；惠普的市场份额则从第二季度的7.3%，增长为第三季度的7.5%。

与戴尔相比，这些电脑厂商都是后起之秀，但他们在市场上一路走高的局势却让人不得不注目。究其原因，不仅因为这些厂商针对市场充分开发出了能尽量满足多种需要的商品，使其在电脑市场份额切割中享受到最大限度的好处；更重要的原因是，与戴尔直销模式相比，他们为客户提供了更加配套卓越的后续服务，正是得益于这种后续服务的强力跟进，他们获得的客户群也急剧倍增。

电脑巨头戴尔则接二连三地遭遇打击。从2005年以来，戴尔在中国的销售遭到各地客户的频繁投诉，戴尔中国对于这些客户投诉的反应却比较冷淡。因此，戴尔的直销模式也被人们纷纷质疑，认为戴尔缺乏优质的售后服务。不仅如此，戴尔在美国国内也受到了质疑。美国《商业周刊》在这一年四月炮轰戴尔的直销模式，直指戴尔在软件及服务领域的不足。更有业内人士分析说，造成戴尔此次市场份额下降的主要原因，就是之前引以为傲的直销模式。之前，直销模式威力无穷、所向披靡，来到四五级城市及中小企业等新兴市场，其销售业绩则呈现出疲软之势，较为乏力。

另外，戴尔在中国遭受冲击的另一个重要原因则是出现新兴劲敌——联想。自从收购了IBM的PC部门，联想所占的市场份额开始迅速增长，这给戴尔中国造成了很大冲击。例如，2005年10月25日，时任戴尔中国总裁的符标榜突然宣布离职，这一举动引发了众多猜测。当时，就有业界人士认为符标榜的黯然谢幕，很可能是因为当年第三季度戴尔中国的销售业绩不佳。

面对此境，人们纷纷猜测着戴尔在中国的前途和走向，其未来会是何番景象，戴尔的直销模式是会继续开展还是做出改变，希望在何方？

2005年9月，戴尔中国接受记者采访，表示会坚持在中国实行直销模式。以前，电脑无疑是一种高端产品，生产电脑的厂家极为有限。然而走到今天，情况已经发生很大的转变，电脑不再只为高端人士所有，而是成为一种大众化的普通商品。生产电脑的厂家也不再仅仅是几家著名的国际公司，那些大大小小的手工作坊几乎都能组装出自己的电脑。消费者在选择电脑产品时，拥有了更多的选择空间和更加细致的需求，与当年自然不可同日而语。

当一种曾经辉煌一时的营销模式在市场上遭遇变故时，当这种销售模式逐渐与时代潮流产生隔阂而被消费者逐渐抛弃时，如果还不努力寻求调整与变化，那结局只能是自取灭亡。看着戴尔一路走来的人们不禁深思：戴尔的直销经营，出路在何方？

走进一家国内的电脑卖场，你常常会看到柜台上陈列着各种电脑产品。在那里，戴尔产品与其他品牌的电脑被摆在一起，待价而沽。对此，了解戴尔直销模式的人可能会感到不解：戴尔不是看订单生产的吗？怎么现在和其他品牌一起走进卖场销售了呢？

是的，直销模式一直是戴尔企业的"关键词"。进入中国市场，戴尔原本打算将其已然成熟的直销、按需定制、零库存等先进销售方法带到中国。然而，在实际的运作过程中，戴尔却走上了一条不同于以往的道路，它选择了与国内其他IT生产商一样的渠道分销法，这已经是IT业界半公开的秘密。虽然戴尔官方并不承认这一点，但是有业内人士指出，实际上在中国，戴尔产品40%以上是通过分销商来实现销售的。

而且，分析戴尔在中国市场投放的广告也不难发现，戴尔在中国的营销策略是主推某几款产品，而并非戴尔最著名的按消费者个性需求定制。那么，中国的戴尔用户到底能不能享受戴尔个性化的定制呢？有人开玩笑说，当然可以，用户可以要求戴尔为你加一条内存或加一块硬盘。不过，如果这样就能称得上是定制的话，那国内的IT厂家自从销售电脑那天起就已经是在"定制"了。实际上，戴尔真正的按需定制在中国并非没有，但它主要面对的是政府企业等大客户，而不是零散的个人消费者。

有许多人不明白：为什么戴尔横扫全球的销售方法在中国就没有派上用场呢？答案是：与中国的物流链有关。

"将产品三天内从工厂送到用户手中"，这是戴尔在美国提出的口号，而要做到这一点，首先需要高效便捷的物流链条作支持。而在目前的中国，以现有的物流企业的工作效率，还难以做到。而且，用户如果希望享受三天之内送货上门的服

务，就需要多承受几百块钱的成本。事实上，很多中国用户恐怕并不乐意承担这样的一笔开支。

其次，中国人与美国人购买习惯的不同，也是促使戴尔改变营销方针的重要原因。中国人讲究"眼见为实"，一定要到商场，亲眼看一看商品才放心；还喜欢"货比三家"，习惯于将不同品牌的同一种产品互相比较，然后再从中进行选择。尤其是像电脑这样的高科技产品，更得亲自试用检验才能放心。所以对于许多中国人来说，没有亲眼看到商品就打电话订购，这是不可思议的。

当然，归根结底，是中国人较低的收入水平导致了这种消费模式的差异，对于美国人的收入来说，购买一台电脑不是一笔大的支出；但对于中国大多数普通家庭来说，购买电脑还是一笔不小的开销，是需要谨慎思索才会决定的大事。

正是消费习惯的特殊性，导致戴尔在中国采取了不同于美国的销售方式，即分销与直销相结合，反正不管采取哪种方式，商家的目的是卖出产品。换句话来讲，毕竟戴尔的产品在质量、品牌、服务等方面位居一流水平，这些优势足以让消费者动心，可以保证戴尔在中国市场上成为有力的竞争者。采用分销模式经营，正是戴尔善于变通、适应市场的行为。

通过采用"直销"与"零库存"的策略，戴尔在业界竖起了一个巨大的标杆。也许正是因为零库存的诱惑太大，戴尔的榜样力量太强，这一条成功策略引起了众多企业的学习和效仿，其中也不乏如海尔这样的国内企业纷纷跑来"试水"，想要享受直销和零库存的魅力。

当戴尔来到中国，开始根据中国的国情调整经营策略时，国内的企业却开始了学习戴尔模式的旅程。对于这种现象，有人觉得十分好笑，外来的和尚开始根据中国的国情调整自己前进的脚步，怎么我们还去学习人家要改变的东西呢？其实，这没有什么可笑的，企业的发展，本来就是在互相学习、互相借鉴中不断前进的。

那么，"直销"和"零库存"模式适合中国的企业吗？海尔学习戴尔的结果又如何呢？

尽管海尔一度表示企业实现了"零库存"，但却招来一片质疑声。有研究者甚至毫不客气地指出，所谓的"零库存"，其实是一种"伪零库存"。因为海尔所谓的"按需定制"，并非根据消费者的需要，而是按各地分公司的需要进行生产，这导致的结果是，海尔总部确实是实现了"零库存"，但各个分公司则因库存变相加大而苦不堪言，企业为建立直销体系以实现"零库存"而耗费大量资金。

中国企业希望学习戴尔的成功经验，这个想法和出发点并没有过错。然而，在学习的过程中也要真正思索这些模式是否适合中国的国情，是否能带来实质性的好处和好评。戴尔在成本控制、节约开支等方面实力别具，但中国企业在这方面的学习却徒有外表、不得精髓。

零库存，的确是个很吸引人的理论与模式，然而并不是说好的东西就一定是适合自己的。吸收一种模式或理论中真正适合自己的部分，走出一条适合自己发展的道路，这才是一个企业持续发展的关键所在。

第三节　重塑品牌寻求突破

> 如果人生的道路上没有障碍，人还有什么可做的呢？
>
> ——俾斯麦

直销体系是戴尔坚持执行了超过20年的经营方式，要从这里走出去，需要的何止是勇气。在准备创建起全新的销售模式时，迈克尔·戴尔始终谨记一个原则，一件事情如果想更有效率，那么当你无法从中得到价值时，就适时停止。

谁会成为第一个"适时停止"的对象呢？答案就是：戴尔遍布全球的工厂。

有一种说法是，戴尔将通过18个月的时间，一步步地将位于美国、欧洲等地的组装厂出售给一些大型合约制造商。至于戴尔在亚洲的组装厂，如中国厦门的工厂，将逐渐缩小规模。而其实，厦门的两家中国工厂的产能已经非常巨大，占戴尔全球产能的8%—10%。

如此一来，人们对戴尔的举动更加感到无法理解。但实际上，尽管出售工厂一事仍悬而未决，但摆在眼前的事实却让许多业内人士理解了戴尔此举的用意。无可否认，此前戴尔的生产方式之所以能有效运行，更多地依赖于"直销"能为它带来准确的订单。而现在需要面对的事实是，加入零售分销体系后，现在的供应链模式已经与原来大不相同。分销模式采用先"造"后"卖"，没有库存就无法实现。而在没有订单的情况下，要确定如何生产、生产多少是难度很大的。也就是说，戴尔过去引以为傲的生产体系，现在开始已经不再适应新的销售模式了。

怎么办？一些分析人士建议戴尔采取宏碁（Acer）的模式。宏碁将产品的生产与销售完全委托给代工厂及代理商完成，而自身只专注于新产品的设计研发与品牌建设。他们认为，如果戴尔能选择一家具有研发设计及制造等能力的代工厂进行合作，那么不仅可以保持其产品在品质及价格上的竞争优势，还能够为戴尔节省大量的资金和人员。

面对戴尔的这些变化，惠普的一位高层十分感慨，在他看来，改变了生产和营销模式后的戴尔，和惠普、联想等其他IT企业更加相似。不过，他认为，在变化中逐渐趋同是全球几大PC厂商业务模式发展的共同趋势，因为在这个年代，谁的执行能力更强，谁整合全球资源的能力更强，谁把握微小细节的能力更强，谁就将取胜。

不过，迈克尔·戴尔在应对全新的局势时，并没有采取一刀切的策略。虽然工厂极有可能被卖掉，但是戴尔的产品设计中心却是另一番命运。迈克尔·戴尔大力压缩成本的运动并未涉及产品设计部门，相反，还加大了对产品设计的投资。他说："我会把更多投资注入产品设计、产品创新、IT服务、销售人员、客户关系维护这些领域……"

事实上，迈克尔·戴尔不仅这样说，他也是这样做的。此前效力于耐克的肯·马斯格雷夫（Ken Musgrave）被戴尔聘请来担任负责产品设计的首席设计师，与此同时，设计中心的设计人员在短短一年的时间内由30多人增加到60多人，不仅规模扩大了一倍，人员构成也和以往有所不同。这些新成员大多来自宝洁、通用及惠而浦等著名企业，从事与个人消费密切相关的行业。这些新鲜血液的到来，改变了设计中心的气氛，使其与其他办公区域的风格截然不同。比如，办公室里摆放着各类还未上市的新品，工作室的墙壁上则挂满色彩斑斓的笔记本外壳，还有不少是用竹子等新型材料制成。更特别的是，艺术家在外壳上直接作画的限量版产品也散落其中。

时间和事实可以证明，戴尔新的设计团队在其新品推出上同样功不可没：他们不仅压缩了时间，提高了效率，还拿出了让人眼前一亮的产品。戴尔公司推出新产品的周期由原来的38周、32周，发展到现在只需要8周。在后来的日子里，迈克尔·戴尔特意带着一个红色超便携的小型笔记本电脑四处露面，这就是新团队的成功设计，这可以看出迈克尔·戴尔多么喜爱它，此举也鼓励了戴尔每一位员工。

作为戴尔公司的首席营销官，马克·贾维斯一直致力于在全球重塑戴尔品牌的新形象。在他看来，戴尔的产品必须紧跟时代甚至领先时代，为了做到这一点，戴尔的产品首先就要体现日益年轻、时尚的特点，同时，产品设计满足消费者的个性化需求，并且拥有良好的性价比。

不过，仅仅是"时尚"两个字，可不能囊括戴尔产品的改变。对产品线的完善和补充，显示出戴尔在更深层次上的考虑。例如，设计之初，戴尔就将商用产品和消费类产品进行严格区分，这种对每类产品进行精确区别的做法，有助于对渠道销售进行价格管理。还有一个显而易见的事实是，戴尔的笔记本电脑产品增加了十多个品种，种类更加丰富，其中不少是针对各地市场的特殊需求设计研发的定制之作。

国美的一位高层曾经讲过在与戴尔合作的过程中令他印象深刻的一件事。他说，国美在对市场需求进行细致调查的时候发现，30%的中国消费者喜欢红色。消息反馈到戴尔，不久，戴尔投放到国美的产品线中，就出现了一款专门为中国市场特别定制的大红色笔记本电脑。此外，戴尔还特别为中国、印度这样的新兴市场设计推出了Vostro系列，其中包括低价笔记本电脑和台式机产品。

这样的转变，让人们对戴尔未来的发展充满了新的期待。

每一步前进都是缜密思考的延续、创意思维的延展。戴尔在面对中国市场、世界市场的过程中既有所坚持，也在不断地调整。面对新的市场、新的商机、新的挑战，戴尔始终没有停下前进的脚步，相反，它积极进取，不断追寻着精彩的未来！

第四节　给年轻的创业者

> 生活是公平的，哪怕吃了很多苦，只要你坚持下去，一定会有收获，即使最后失败了，你也获得了别人不具备的经历。
>
> ——马云

创业，有时候不仅仅是实现梦想的途径，也是自身能力的见证；不仅是寻求现在的保障，更带着对未来的期许。人生有那么多的可能，不去尝试，就永远不知道自己能走多远。人生中有那么多美丽的风景，不迈开脚步，就只能永远停留在一片小天地里。对于我们每个人来说，实现梦想的过程，都是对人生一种最美的诠释。

在创业路上一路披荆斩棘，经历商海浮沉，看遍世事变化，迈克尔·戴尔在谈到对中国市场的看法，以及对中国那些立志创业的年轻人有什么寄语时，出乎意料，他没有谈什么大道理，也没有具体的指导，他只是简单地表示："如果能从头再来开创一家公司，那么我将选择在中国创业。"这让人不禁

想起他在一家论坛上的表态："我将在我19岁时到中国去，在那里开创我自己的公司，那里的环境要好得多。"

迈克尔·戴尔用自己的人生经历实践着年轻时的梦想，然而仅仅有梦，是远远不够的。戴尔走过的几乎是一条科技行业高瞻远瞩者必然经历的道路，当他19岁在得克萨斯大学退学并创立戴尔公司时，人们不会想到，这间不起眼的公司将为业界带来巨大的变化。经历了最初的成长与蜕变，戴尔公司逐渐成长为业界著名的企业，不仅为它的创始人迈克尔·戴尔带来了丰厚的利润，更重要的是，它的诞生从根本上改变和重塑了整个世界的PC生产和销售模式。如今，48岁的迈克尔·戴尔虽然早已功成名就，但他仍然执掌着戴尔，走在寻梦的路上。谁都无法推测，他会不会创造出更多的奇迹。

在苹果产品风靡全球的当下，尽管人们说起iPhone、iPad等产品时如数家珍，但是，恐怕很少了解苹果的理念："Build it and they will come（产品做出来，自然客似云来）。"也就是说，苹果相信，只要有好的产品，那么就不愁没人买。戴尔的理念与此恰恰相反，它着重于消费者想要的产品，只有用户需要，才致力于研发和生产。就像现在，为满足中国、巴西以及印度这些新兴市场的需求，戴尔正努力设计生产符合这些国家消费者需求的产品，同时扩大戴尔在这些新兴市场的影响。

无论是年幼时凭着好奇心拆卸电脑的那份简单执着，还是创业初期在大学宿舍升级组装电脑的最初梦想，抑或是一路走来面对IBM、康柏等巨头的无所畏惧，面对惠普、苹果等对手的灵活应变，迈克尔·戴尔和戴尔公司都始终坚持：从用户的角度出发，生产和扩充用户想要的产品。

　　戴尔用自己的成功经历告诉我们，如果你选择创业，就不要害怕与对手较量；因为在创业的过程中，处处充满了竞争，你只有尽自己最大的努力争取尽可能多的用户，那么你才能拥有比对手更强大的力量，因为你的用户是你最强有力的后盾。

　　戴尔从来没有轻视年轻人的活力和冲劲，在戴尔看来，充满朝气和创造力是年轻人最好的品质之一。因此他建议那些有志于干一番事业的人们，从年轻的时候就开始努力，不要轻易畏惧，更不要轻言放弃。坚持现在，就有可能赢得未来！

　　对于我们来说，他人的成功故事，是我们成长路上捡拾到的一块块五彩石，光鲜夺目，令人心驰神往。然而，沉醉过后，慨叹过后，我们最应该做的是找到自己人生的基石，并为之付出艰苦的努力，让自己的人生也同样焕发光彩。也许在不远的某一天，你的梦想之花也会悄然绽放，吐露馨香，成为他人眼中的传奇。

结　语

1983年，18岁的迈克尔·戴尔进入奥斯汀的得克萨斯大学。1984年，19岁的戴尔选择退学，并以1000美元外加一个在PC领域前所未有的理念，建立了戴尔公司，而这个开创性的理念就是：跳过中间商环节，直接面向消费者，为他们提供满足个性化需求的个人计算机。

这种直销的方式极具创新意义。此外，戴尔还加强了与用户的直接联系，为其提供更加便捷全面的服务和支援……如今，戴尔公司已经成为全球顶尖的个人计算机供应商之一。同时，戴尔也在计算机直销企业占据领先地位，是全球范围内发展最快的主要计算机系统公司。

借助互联网的优势，戴尔将传统的直销优势扩展到互联网领域，带来了最新的全球革命，并成为公认的全球最大的计算机系统的网上供应商，其在线销售额一天最高可达3000万美元。

迈克尔·戴尔以傲人的成绩成为全球计算机领域备受瞩目的焦点，作为最年轻的首席执行官，他通过自己的努力和智慧

创造了个人资产多达214.9亿美元的巨额财富，成为激励人心的传奇创业者。

戴尔公司的创始人兼CEO迈克尔·戴尔也许不及比尔·盖茨声名显赫，但戴尔也绝对不是籍籍无名的等闲之辈。无论是惹人眼球的世界富翁排行榜，还是影响巨大、眼光挑剔的金融媒体，都从不吝惜对戴尔的赞美与褒奖，为他颁发了"年度杰出人物""最有影响的首席执行官""年度杰出企业家"等一大堆荣誉和奖项。

戴尔最突出的成就，是在年仅35岁的时候，就以短短16年时间，打造出一个闻名全球、影响世界的电脑王国——戴尔电脑公司。时间之短、影响之巨，让人在不敢相信的同时，又不得不承认和叹服。

人们在思考戴尔创业及戴尔电脑公司的发展过程时，发现其能够取得成功，主要有两方面的突出特点。

首先，是一直伴随戴尔电脑公司的企业精神——创新。迈克尔·戴尔是靠着那些常人意想不到的"新点子"走上创业之路的。比如说，越过中间商的直销模式，不仅让戴尔电脑公司的业务蒸蒸日上，还让戴尔的此项策略享誉全球。

个人电脑，是戴尔电脑公司的发家产品。直销客户、低价格、高质量的PC产品不仅令戴尔电脑公司赢得了用户的拥护，还帮助它在你死我活的市场竞争中打下一片大好江山，笑

傲IBM、康柏等同领域的实力大佬。

戴尔的第二个突出特点是善于随机应变，紧紧跟随市场的变化，灵活地采用销售策略。1999年，戴尔个人电脑在美国市场上的销量下降了3.5％，迈克尔·戴尔迅速作出调整。虽然公司是以个人电脑发家致富的，但迈克尔·戴尔认为，公司没有必要固守在个人电脑这仅有的一个领域之中，紧随电脑市场的发展趋势而作出策略调整方为明智之举。

而戴尔成功的调整策略之一，就是密切关注互联网的发展，将公司的发展目标延展到"电脑箱"之外，加强与其他公司的合作。

戴尔电脑公司采用与其他公司联合合作的策略，并且很有独到之处。1999年，公司曾投资7000万美元，用于与88家小网络公司开展合作，并以此促进戴尔公司营销额的增长。例如，戴尔公司曾购买过纽约一家小公司国联（Inter—liant）的股票，用来引起本公司客户的关注，来使用国联的服务；同时，公司又向国联出售服务器，用来支持新的客户。这样做的结果是，在戴尔电脑公司的支持下，国联的销售额有了较为显著的提高；与此相应，戴尔的股权也得到大幅度增值。

尽管在分析家的眼中，在这种联合中戴尔居于强势地位，但是，事实证明，这种合作对于双方的发展都有积极意义。而且，这种联合比兼并更有意义，戴尔与其他公司之间也建立起了良好的互动，追求共赢，而非单纯的竞争关系。

戴尔公司同时还拥有自己的戴尔网站和戴尔电子工厂，并积极利用网络优势，向客户提供更快、更好、更方便的服务。截至目前，戴尔作为美国最大的电脑系统网上销售商的地位仍无人可以撼动，其网上销售额达到日平均5000万美元。

不仅如此，互联网的飞速发展还促使戴尔公司的业务向两个方面发展：一是发展传统，积极拓展服务器和大型存储系统等"核心"产品；二是适时创新，加快开发个人电脑、手机及其他便携电脑设备组成的"边缘"产品。

一直以来，戴尔以其优越的产品和服务，与世界上数以百万计的客户建立了良好的关系。不过，也有很多人认为，与其说戴尔是一家个人电脑制造商，不如说它是一家销售商，对于这一点，迈克尔·戴尔自己倒从不讳言。

如今，戴尔正在利用其享誉全球的品牌威信向客户推销电脑之外的产品。1999年，戴尔公司推出"大销售"计划，在经营自家产品的同时，也向用户推销爱普生打印机、柯达数字相机等其他公司的产品。更为有趣的是，人们发现戴尔电脑公司已经开始经营记事板、皮椅等办公室设备了。

美国电脑业的许多大佬对戴尔为别人充当"帮手"的做法十分不以为然，不过迈克尔·戴尔本人对此倒毫不介意："你们可以回忆一下5年前的情况，当时许多人认为本公司的经营

方法绝不会在服务器市场上成功。但5年前我们只占有美国服务器市场的2%份额，而今天却占有了24%。所以我们并不介意人们今天的说法。"

现在的戴尔电脑公司不仅经营传统的个人电脑业务，还针对市场需求积极开拓面向互联网用户的应用服务器。戴尔提供的服务器既可用作视窗系统，也可用LINUX系统。尽管该产品的功能还没有做到太阳微系统的产品那般强大，但价格却便宜很多，受到消费者的热情追捧。

当然，戴尔也遇到了许多困难与挫折，在执着、坚持之余也在不断地学习和改进。经历过创业之初的期待与悸动、奋斗成功的欢欣与从容、低谷时候的思考和困惑，重新找到方向的迈克尔·戴尔展示了一位智者的睿智与风度。我们期待着，站在新的起点上，面对新的对手和新的挑战，迈克尔·戴尔能够创造下一个传奇。